U1001534

浙江金融职业学院
办学理念与实践

主 编 周建松 郑亚莉

浙江工商大學出版社
ZHEJIANG GONGSHANG UNIVERSITY PRESS

图书在版编目(CIP)数据

浙江金融职业学院办学理念与实践 / 周建松，郑亚莉主编. —杭州 ：浙江工商大学出版社，2018.7
ISBN 978-7-5178-2022-2

Ⅰ. ①浙… Ⅱ. ①周… ②郑… Ⅲ. ①高等职业教育—办学经验—浙江省 Ⅳ. ①G718.5

中国版本图书馆 CIP 数据核字(2017)第 007723 号

浙江金融职业学院办学理念与实践
主　编　周建松　郑亚莉

责任编辑　刘　韵
责任印制　包建辉
出版发行　浙江工商大学出版社
（杭州市教工路 198 号　邮政编码 310012）
（E-mail:zjgsupress@163.com）
（网址:http://www.zjgsupress.com）
电话:0571-88904980,88831806(传真)
排　　版　杭州朝曦图文设计有限公司
印　　刷　虎彩印艺股份有限公司
开　　本　710mm×1000mm　1/16
印　　张　10.25
字　　数　133 千
版 印 次　2018 年 7 月第 1 版　2018 年 7 月第 1 次印刷
书　　号　ISBN 978-7-5178-2022-2
定　　价　29.00 元

版权所有　翻印必究　印装差错　负责调换
浙江工商大学出版社营销部邮购电话　0571-88904970

编委会

顾　问	李逸凡	盛　健		
主　任	周建松	郑亚莉		
副主任	姜　进	吴　胜	陈利荣	王　琦
	方　华	盖晓芬		
委　员	郭福春	陈云涛	吴建斌	张鹏超
	王　华	郁国培	王忠孝	谢　峰
	陈正江	吴国平	蒋　赟	凌云志

序

路漫漫其修远兮　吾将上下而求索

读者将要展开的《浙江金融职业学院的办学理念与实践》，是对全院师生员工和广大校友四十年办学理念探索与实践的总结。把理念与实践联系在一起，是因为理念是在实践基础上总结形成的，实践是在理念指导下不断前进的。

先进的理念和有效的实践，彰显了浙江金融职业学院的特色，铸就了她前25年（浙江银行学校时期）的辉煌和后15年（升格为浙江金融职业学院时期）的灿烂。

（一）

办一所学校不容易，办好一所学校更不容易。

从宏观上看，她必须形成自己的先进的办学理念，具有科学的办学定位，探索先进的办学模式，探索凝成先进的文化等。

从中观上看，她要探索并不断优化自己的专业结构，研究形成恰当的人才培养模式，建立自身的治理体系等。

从微观上看，她要善于探索自己的专业建设机制，课程教学模式，形成具有自身特点的学生观、教师观和校友观。

所有这些，既需要以先进的理念做指导，又需要广泛的学习和借鉴作支撑，更需要在实践基础上不断总结、提高并逐渐走向成熟和系统。

（二）

高等职业教育作为我国高等教育的一个类型，诞生于 20 世纪 80 年代，几经争论和反复，逐渐在推进高等教育大众化的浪潮中实现了大发展。作为高等教育大众化的重要抓手，高等职业教育既按照专科学历层次办学，又努力建立自己的特色，打造自己的类型。

特别是在国家提出建立现代职业教育体系以后，高等职业教育按照产教融合、校企合作、工学结合、知行合一的要求，积极探索合作发展、合作办学、合作育人、合作就业的具体路子，严格贯彻服务为宗旨、就业为导向、产学研相结合的原则。在这一过程中，如何处理好高教性与职教性的关系，构建高等职业教育的办学特色，整个战线进行了积极探索，各个学校更进行了富有创新的实践，浙江金融职业学院是其中“走在前列”的一员。

（三）

与全国大多数高等职业院校的经历极其类似，她是在中专学校基础上升格起来的，其前身浙江银行学校创办于 1975 年，原为中国人民银行直属的国家级重点中专。作为中国人民银行创办的中等专业学校，她按照“一省一校”的框架和格局，坚持专业化办学，在经历了早期的计划管理体制办学和 90 年代后的引入市场化因子的探索，形成了自身的办学特点和风格，它的行业性、专业性特色明显，毕业生对口性高，岗位特色性强，赢得了“动手能力强、岗位适应快、实践水平高”的良好行业评价，广大校友创新创业、廉洁自律、团结向上、报恩母校，形成了独特的校友文化。2000年，按照国务院关于部委院校管理体制调整的决定，她由中国人民银行总行管理调整至浙江省人民政府管理。浙江省人民政府及省教育厅以博大的胸怀和最美的姿态接纳了她，并以最快的速度同意在浙江银行学校基础上单独升格筹建浙江金融职业学院，并将浙江金融职业学院纳入下沙高教园区新校区建设规划。她也不甘人后，同样以最快的速度完成新校区一期建设，以最佳的状态迎接浙江省人才培养工作水平评估并获得全省第一个优秀等级学校，发起并继续参与中国人民银行原行属院校的活动，并成为主任委员单位，以积极的姿态参加国家示范性高等职业院校的遴选并于2006年顺利入围全国第1批28所国家示范性高等职业院校建设单位，2009年又以优秀的成绩通过验收以后，又不断加以巩固、深化和丰富提高。

如今，她已经成长为金融特色鲜明、教育质量优异、高职品牌卓著、社会声誉美好的，具有代表性、示范性的高等职业院校；她是全国金融行指委副主任委员单位、浙江省金融学会副会长单位和杭州市金融人才协会副会长单位。

目前，她还是浙江省高职教育研究会理事长单位、浙江高职院校党建与思想政治教育研究会会长单位。在全国高职教育界，她不负众望，积极为高职战线服务，承担着全国高职高专党委书记论坛委员会副主任委员、全国高职院校思想政治课联盟副理事长单位和全国高职教育研究会会长单位职责。

2014年，她被评为全国职业教育先进单位和浙江省劳动模范集体。同时，一大批优秀（杰出）教师、校友脱颖而出，5000名行长同一个母校，更使她充满希望，绽放出勃勃生机和无限魅力，令世人称羡和折服。

（四）

浙江金融职业学院办学无疑是成功的，成功的要素很多很多，而我们认为先进的办学理念及其不断完善、不断提升、不断丰富十分重要。毋庸置疑，浙江金融职业学院是有理念的，而且理念先进。

早在2004年，学院就系统研究了现代高职教育发展机理；2006年，学院再次系统研究并推进了学院内涵建设；2008年，学院又率先提出高等职业教育要加强文化建设。其间，学院率先发布中国高校社会责任报告（2007），率先在全国设立爱生节（2008），率先组织高职教育文化建设论坛（2008）等等，都具有引领意义。为总结经验，2005年，学校由编撰并公开出版了《浙江金融职业学院的办学理念与实践（2005）》一书，既对前期形成的办学理念进行初步梳理和总结，对学校建设国家示范性高等职业院校进行初步诠释，彰显学院比较系统的办学理念。

十余年来，我们在此基础上不断探索并进一步提升，我在这里择其一二略加描述。

愿景：共建共享幸福金院 永创永续金融黄埔

目标：全面建设更高品质幸福金院

宗旨：特色鲜明 人民满意 师生幸福

价值理念：做学生欢迎之师 创社会满意之校 育时代有用之才

学生工作理念：关爱学生进步 关注学生困难 关心学生就业

教师工作理念：尊重教师个性 倚重教师德才 注重教师发展

人才培养模式：教学与实践零距离 教师与学生零间隙 毕业与上岗零过渡

教学工作理念：专业特色化 课程精品化 实训真实化

发展方针：就业立校 服务强校 合作兴校

发展抓手：校企合作千花盛开工程 学生千日成长工程 教师千万培养工程

教师激励：青年教师培养与成长金翅膀机制 中年教师稳定与发展金台阶机制 老年教师幸福与安康金降落伞机制

学生培养：一年级金院学子，强调懂做人 二年级系部学友，强调精

专业 三年级行业学徒，强调会做事

校友合作：激扬高层 激发中层 激活基层

当然，办学理念既是理论的，更是实践的，既是抽象的，又是具体的，既是传承的，更是发展的。

（五）

《浙江金融职业学院办学理念与实践》，既是一个新版，又是对2005年版的修订、提升和完善。

《浙江金融职业学院办学理念与实践》撷取了学院办学理念探索和实践的若干方面和某些领域，如目标愿景、责任理念、办学模式、人才培养模式、专业建设机制、学生工作理念、教师培养理念、校友工作理念等，办求以较小的篇幅、简洁的文字，展示金院系统的理念体系、宏伟的愿景、崇高的使命和强烈的责任，展示全体师生和广大校友在中国共产党领导下，在各有关部门和行业企业的支持下，高举中国特色社会主义伟大旗帜，坚持社会主义办学方向，致力于培养合格建设者和可靠接班人、办好人民满意教育的宏伟诗篇和伟大实践。

当然，撰写《浙江金融职业学院办学理念与实践》也是对十年前承诺的一个践履，请广大专家学者、读者和朋友们评鉴。

（六）

党的十八大以来，总书记为核心的我国经济发展进入新常态，党中央确立“四个全面”战略布局和“五位一体”总体格局，确立了创新、协调、绿色、开放、共享五大发展理念，高职战线的同行们也在不断努力和探索。

这些年来，前来学院考察交流的学校也络绎不绝，每次在与同行的交流中我都如是说，“如果要把我们当前所做的梳理一下，可以归纳为三句话：第一，我们一直在探索行业、校友集团共生态合作办学模式。

第二，我们一直在致力打造以母校为纽带的教师、学生、校友发展共同体。第三，我们一直在探索学院综合体和发展系统建设。当然，这三个方面都必须以人才培养为根本、为中心、为圆心。如果问我们的发展愿景是什么，可以归结为一副对联。上联是“全面建设更高品质幸福金院”，下联是“精心打造最具魅力高职院校”，横批是“永创永续金融黄埔”。

周建松

2016 年 10 月 1 日

目录

Contents

第一章

以社会责任为核心的办学价值理念

拨打浙江金融职业学院的办公电话，等待中响起的彩铃是“做学生欢迎之师，创社会满意之校，育时代有用之才”；接过浙江金融职业学院员工递来的名片，无论正面是何种职务、职称，其背面均是三行字：

做学生欢迎之师

创社会满意之校

育时代有用之才

这，就是浙江金融职业学院的价值理念。

从2000年升格举办高等职业院校开始，学校就从“师、校、生”三个层面明确了自己的价值追求。所谓“做学生欢迎之师”，就是要求教师有良好的师德风范，为人师表，受到学生的尊重和信任，同时又有较强的教学能力和一定的科研实力，受到学生的欢迎，还提倡教师融入学生，善于与学生打成一片，赢得学生的爱戴；所谓“创社会满意之校”，就是学校的工作，要服务区域经济社会发展，要对中国的高等职业教育有所担当，尤其是育人工作的每一个环节，都能让家长满意、让社会认可；所谓“育时代有用之才”，就是要牢牢把握时代脉搏，践行高职院校

“为社会主义现代化建设培养生产、管理、服务第一线的高等应用型人才”这一根本任务，培养的毕业生在单位能用得上、下得去、留得住、有发展潜力和后劲。——这三个层面的追求，其实也可以看作是学校一个主体的责任担当，即学校和老师要做到怎样、并培养出怎样的学生，其核心就是学校办学的使命和担当，就是学校的社会责任感。

一、高职院校承担社会责任的缘由

大学，虽然在本质上是一个“传授知识的机构”“做学问的场所”，其组织结构是“一个围绕学科和行政单位的矩形组织”①但其发展到今天，教育责任已经远远不是它所应当承担的唯一社会责任了。高职院校是现代大学的一种形态，它在中国的兴起、发展则更印证了国家和社会赋予它的使命。

（一）高职院校依照政府政策引导而设立，有着现实而明确的办学目的

中国的高等职业教育发端于20世纪70年代，当时，为适应改革开放后地方经济快速发展对专门人才和技术应用型人才的迫切需求，缓解经济快速发展与人才紧缺的矛盾，政府先后创办了一些专科院校和职业大学。1994年，第二次全国教育工作会议确定高等教育发展重点是发展高等职业教育；1996年全国人大通过《中华人民共和国职业教育法》，第一次把高等职业教育以法律的形式确定下来，在20世纪末兴起了“六路大军办高职”的快速发展局面。很显然，这一“大力发展”的过程对于高职院校的根本职责是非常明确的，即“面向地区经济建设和社会发展，适应就业市场的实际需要，培养生产、服务、管理第一线需

① ［美］伯顿·克拉克：《高等教育系统》，王承绪、徐辉等译，杭州大学出版社1994年版。

要的实用人才。”[①]

(二)高职院校接受了政府的巨额投入,有回报社会、解决社会问题的责任

和传统大学一样,高职院校接受了政府财政的大量投入,享受到了地方政府在办学用地、场馆设施等方面的大力支持。如2006—2009年教育部和财政部共同实施的“国家示范性高职院校建设计划”,中央至少投入了20个亿,还不包括各级地方再相继出台的配套措施。这些资金主要来自于纳税人,因此,高职院校有责任回报社会、回报地方,在提升劳动者素质,缓解就业压力等方面发挥积极作用。

(三)高职院校垄断了一些有价值的资源,理应回馈社会

高职教育虽然在教育领域是个弱势群体,既没有中小学的地域性、集中性的垄断资源,也没有教学研究型大学的那令人羡慕的学位授予权,但它仍然在专业资格、职业技能证书、对口行业、订单就业等方面有着自身特殊的渠道和优势。同时,高职院校拥有着许多重要的专业知识资源,这也是其他机构不能取代的。如浙江金融职业学院在金融文献方面,其图书馆的馆藏量省内其他机构都无法与之比肩,它作为省科普基地开放的金融货币博览馆、票据票证博览馆等在金融文化的教育和研究方面具有一定的不可替代的专长和能力。

(四)高等教育的办学理

严格地说,这是一个学校的办学境界问题。“大学的存在时间超过了任何形式的政府,任何传统、法律的变革和科学思想,因为它满足了人们的永恒需要。在人类的种种创造中,没有任何东西比大学更经得

① 教育部:《面向21世纪教育振兴行动计划》1999版。

住漫长的吞没一切的时间历程的考验"[①]这其中蕴含的力量就是大学的理想。高职院校虽然以就业为导向,但它依然可以在培养应用型人才、直接服务社会的基础上,对高品位文化和理想主义有所实践、有所追求。

二、高职院校社会责任的构成

关于大学社会责任构成或内涵的探讨由来已久。美国教育家博克的观点非常具有代表性,他把大学社会责任分为学术责任和非学术责任,并认为大学应当集中精力回应学术领域的社会责任[②]。国内学者通常从高校对自身的办学成就或功能视角出发,一般把"人才培养责任""科学研究责任"和"社会服务责任"作为学校最基本的责任。当然,也有从利益相关者角度出发,认为现代大学是众多利益相关者(学生、家长、投资者、社区、企业、政府等)的共同体,大学必须对全部利益相关者负责,承担相应的责任。还有认为大学社会责任是具有形而上气质的、超越一般的社会义务层面的,它必须思考培养什么样的人才,开展哪些方面的研究,对社会变化状态做出什么样的主动回应等等,用台湾学者林清江的概括应"至少包括 5 项:第一是追求真理,发现新事实,发明新事物,加速变迁与革新的速率;第二是进行全人教育,培养有知能、有远见、有人品的社会成员,既形成社会的流动,又在平等中促成进步;第三是传递文化规范,维护社会的安定,又鼓励知识分子善尽批判制度的角色,建立新的文化规范;第四是推广知识至各阶层,满足社会需求,提升社会的生活水准;第五是善尽上述各项责任,协助缔造

① [德]雅思贝尔斯:《什么是教育》,邹进译,生活·读书·新知三联书店 1991 年版。
② [美]德里克·博克:《走出象牙塔——现代大学的社会责任》,徐小洲、陈军等译,浙江教育出版社 2001 年版。

人类社会的光明史”[①]。

然而，与传统的大学相比较，高职院校毕竟在学校的起源、主体归属、培养模式、政府期望等方面都存在较大的差异，这势必会造成高职院校的社会责任构成在传承大学普遍性的同时中会产生一些切实的变化。

(一)技能传授和人才培养

这里不单单讲“人才培养”是因为，从人才培养模式看，高职教育强调的是“能力本位”教育，它以提供产业界对培训对象履行岗位职责所需要的能力为基本原则，致力于如何使学生具备从事某一职业所必需的实际能力，在具体教育手段上倡导“工学结合”；而“知识本位”的传统大学，强调有成熟的学科和比较完整的理论作为支撑，遵循知识和理论自身的逻辑，关注学生形成相对稳定的知识体系。[②] 因此，高职院校最基本的社会责任——人才培养，实际上是以技能(工作能力)为核心展开的，需要开展大量的技能传授和训练，进行广泛地与企业岗位对接的实践实训，虽然这常常为一些学者以“工具理性”所诟病，但它的的确确是当前高职教育的核心使命。连这一“敲门砖”般的使命都无法完成，高职院校何遑更高远的作为?

(二)服务区域经济和社会发展

高校从来不是也不可能以纯粹的“象牙塔”形式孤悬于社会之外，作为国家科技创新的主阵地和各类人才的聚集地，高校与社会环境之间存在着源源不断的资源、信息的交换和交流，与政府、企业、社会团体等组织形成了紧密的互动关系。高职院校虽然在科技创新的广度和

① 阎光才:《大学的社会责任》,《随笔》2001 年第 3 期。

② 陈云涛:《高职院校社会责任分析》,《中国高教研究》2009 年第 4 期。

深度上无法与重点大学比肩，但作为立足地方、立足行业的高校，其结合当地经济和社会发展水平的专注度和紧密度还是非常高的，解决当地经济发展的实际问题、为区域经济和社会发展提供直接方案和一线人才是其办学兴校的必由之路。实践中，从高校与地方政府（经济园区）进行战略合作的积极性对比看，高职院校通常要比传统高校更主动一些。另外，从履责顺序上看，社会服务在高职院校的责任排行榜上也通常高于科学研究。

（三）科技创新和学术研究

与传统大学的以创造性、学术性为内核的科学研究不同，高职院校的科研主要侧重于知识发展、技术应用与提高，其“实战”意味更为强烈。作为培养一线人才的场所，高职教师除了传授知识之外，还要对知识进行创新并且能够具有前瞻性，能够预测社会对于专业知识的未来需求。尤其是一些应用性的专业，更需要教师根据社会的发展调整自己的研究方向，瞄准“产学研用”的结合，加快科技成果转化，有力地回应新经济和现代社会对我国高职教育的呼唤。这从近几年高职院校横向技术服务和纵向科研经费到款额的情况可以得到佐证。[①]

（四）文化引领和伦理坚守

这其实属于大学的隐性社会责任，说得大一点就是文化传承和创新，是“充当社会的思想先导，充当社会理性价值判断的评判者”[②]。高职院校相对来说文化的俯瞰感和批判功能少一些，而重在依法办学、倡导“以生为本”，弘扬校风、

① 上海教育科学研究院、麦可思研究院：《2016 中国高等职业教育质量年度报告》，高等教育出版社 2016 年版。

② 刘少雪：《试论大学的社会责任》，上海交通大学学报（哲学社会科学版）1999 年第 1 期。

教风、学风,引导某一领域的文化传承和进步;同时,对于行业文化的挖掘和自身办学历史的尊崇也是高职院校履行社会责任的情怀闪现。

三、浙江金融职业学院对自身社会责任的理解和践履

——对学生:承担培育诚信职业人格与熟练职业技能兼具的金融人才,并帮助其顺利就业、优质就业的责任;

——对员工:承担尊重个性、促进发展和保障合法权益的责任;

——对校友:承担文化的紧密沟通、传承和推进校友在岗位上可持续发展的责任;

——对社区:承担文明共建和促进社区繁荣与和谐的责任;

——对行业:承担培育优质"银领"人才,为金融行业人力资源结构优化提供支持的责任;

——对政府:承担地方金融发展研究和地方中小企业发展研究的责任;

——对社会:承担推进信用体系建立和区域现代服务业发展的责任;

——对国家:承担培养全面发展的社会主义建设者和接班人,引领全国服务类职业院校发展的责任。

这是2007年11月18日,在《中国教育报》发表的国内第一份高校社会责任报告中,浙江金融职业学院对自身所承担的社会责任的描述,近十年来,学校就这样一直默默坚守、认真实践着。

(一)坚持以人为本,谋求学校、教师、学生和谐幸福

在新的历史条件下,高职院校实践社会责任,关键在于以人为本,真正把培育学生的事儿做好做细做扎实,把尊重、爱护知识分子落到

实处。为此，浙江金融职业学院在工作中逐步构筑起“关爱学生进步，关心学生就业，关注学生困难”的“三关”学生工作体系，并坚持“尊重员工个性，倚重员工德才、注重员工发展”的“三重”理念，实现学生、教师与学院同进步，建设高品质幸福金院。

关爱学生进步就是从政治上和学习上关爱学生。学院从2003年开始就按“一年级有学生党员，二年级班班有学生党员，三年级每系有学生支部”的要求，做好青年学生的党建工作，通过重心前移、“推优”延伸、支部建在专业上、设立专职组织员等方式，克服了高职院校学生党建工作中普遍存在的培养时间紧、入党积极分子队伍参差性大等矛盾，使学生政治上得到提高，并能够在学校中发挥其党员的先进作用。在教学工作中，以学生职业素质养成为主线，以专业教学标准、课程标准开发为切入口，推进项目导向的课程教学改革；积极参与金融、会计、国际贸易等相关行业职业资格证书的开发与从业标准制订，设立4个职业技能鉴定机构/工种，学生职业证书的获取比例超过95%。关注学生困难就是以人文精神关注学生的身心困难。2003年学院向全社会郑重承诺，决不让一名品学兼优金院学子因贫而辍学；2007年向学院首次招收的省外学子承诺，只要自身好学上进，“在金院没有困难”，当年，学院教工、党员与202名省外新生牵手开展了“家庭式”结对活动，到2015年，教师干部党员结对困难学生达485人。学院一方面启动奖、贷、助、补、免体系，深化帮困力度，另一方面，还充分利用社会力量设立“广发育才”“浦发”等企业奖学金来扩大济学广度，同时，还开展了一系列以贫困生的全面成长成才为目标的团队心理辅导活动，制定了“扶贫扶志”教育方案，使贫困学生增强了自强自立的信心，培养了感恩奉献的爱心。关心学生就业，这既是一个办学的理念问题，更体现着一个学校履行社会责任的坚定性与实效性。学校2002年就提出“与其说为学生找工作，不如说是给自己保饭碗”的口号，要求每位科级以上干部能助推荐一名以上毕业生对口就业；2003年起，每年拿出生均400

元的经费用于安排学生实习就业；学院班子领导每年秋季都率队走访全省 11 个地市的金融机构，为营销毕业生打下基础。在“就业立校”办学方针的指引下，近三年（2013—2015 年），学院毕业生初次就业率保持在 98%以上，毕业生对满意度连续排名全省前五，学校先后成为全省普通高校毕业生就业工作优秀单位和全国高校“毕业生就业工作 50 强”。

在重视学生的同时，学院以员工尤其是教师个人发展为出发点，积极为员工成长进步创造条件。倡导“尚德、精业、爱生”的教风，用人讲五湖四海，决策讲海纳百川，不断完善教职工代表大会制度、校务公开制度，设立院领导接待日、书记院长信箱，积极吸纳教职工在学校管理工作中的意见和建议。通过评选金晖学者、金院好课堂、奖教金、三优秀、再创业功勋奖等途径，激励教师在各自的岗位上闪光出彩。实施“专业带头人”培养工程、教授工程、“青蓝”工程等 8 大工程，完善以“双师”结构为重点的专业教学团队，全面提升教师的教学能力、科研能力和育人能力。2005 年，出台《关于全面提高教职工综合素质的若干意见》，对员工的医疗保健、体育锻炼、政治上进、业务提高、事业发展等都做了保障。2015 年起，启动“三金工程”（青年教工的“金翅膀工程”、中年教师的“金台阶工程”、老年教师的“金降落伞工程”），为全体教师的科学发展做好顶层设计。继实施“金星闪光”计划、青年教师助讲计划后，2016 年出台《浙江金融职业学院青年事业发展纲要（2016—2025）》，激发了青年人的潜能和活力。

（二）坚持共生态办学，培育高素质应用型人才

通过探索学校与周围环境之间相互作用的机制与规律，浙江金融职业学院将行业、校友及职教集团等因子融入学校的教育系统，逐步构建起“以行业为依托，以校友为纽带，以职业教育集团为载体”的互动共生的办学生态模型，实现办学资源的效用最大化，破解了服务类高

等职业院校在整合办学资源、推进工学结合等方面的改革难题，全面提升办学水平。

通过拓展与浙商银行、邮政储蓄银行等企业的合作范围与层次，使有合作协议的企业数达到200家以上，实现开放办学；通过完善遍布全国的校友网络，疏通捐资助学的渠道；通过发挥拥有近百家企业与职业院校的金融职业教育集团的作用，形成资源互补优势，使行业、校友、职教集团等社会因子成为与我院共生发展的活跃因子，营造出促进学院和谐发展的教育生态。

针对浙江作为经济强省、服务业大省的特点，学院深化校企合作关系，吸引企业共同参与人才培养工作，根据岗位实际需求，采用灵活的实践教学模式，推行与生产劳动和社会实践相结合的学习模式，使工学结合成为人才培养模式改革的重要切入点。建立围绕生产性实训与顶岗实习的校内外实践教学网络，推动建设主体的多元化，促进校企融合，半年以上顶岗实习学生占应届毕业生比例达到90%以上，从而切实提高学生动手能力，真正实现“毕业与上岗零过渡”。不断扩大以商业银行、保险公司为主体的金融业订单培养规模，为企业量身定制人才培养方案，各重点专业以大面积订单培养实现毕业与上岗零过渡，为学生创造有利的就业环境与条件，使订单培养成为学院工学结合人才培养模式改革的主要载体，订单班的班级数和学生数从2003年首届1个订单班、12名学生发展到今天的约1000名学生、30个左右订单班的常态规模。

在这一总体框架下，学院七个系部以“七彩金院”为目标，不断探索体现各专业特色的人才培养路径。金融管理与实务专业注重校企合作，推动优质“银领”的培养，创新面向银行柜员、客户经理的全真化人才培养模式，在提升学生实际动手操作能力与专业理论基础上，培养学生的后续发展能力；保险实务专业积极探索社会、行业、教室相结合的“大课堂”人才培养模式改革，依托生产性实训基地的建设，充分开展行业授课、顶岗实习，学生参与实战经营；会计专业推行“以精细化质量管理为保障”的人才培养模式改革，培养具有金融从业知识背景，熟练掌握工商企业财会业务和金融企业柜台业务双重从业技能的会计人才；国际贸易实务专业推行为中小企业服务的“课证融合”的人才培养模式改革；计算机信息管理专业积极探索基于“互联网＋”的人才培养模式，为中小企业信息化管理及现代银行的互联网资源运用培养人才。

学院通过人才培养模式的不断优化，带动各专业的建设，促进学生职业素质的养成，提升人才培养质量。同时，学院还非常注重高职人才的个性化培养，推出“准专业证书”，鼓励学有余力的学生根据自己的需求，选修其他专业的课程模块，优化知识与技能结构，满足学生个性化成长的需求，增强学生的就业竞争力，提升应对岗位转换的适应能力，促进学生职业生涯的可持续发展，为学生的终身学习奠定基础。

(三)对接区域经济，服务浙江金融强省战略

服务社会是高等学校的重要职能。虽然城市是金融的重镇，但对于快速发展的农村及农村经济而言，金融服务以及金融人才方面的需求已不可或缺。浙江金融职业学院紧紧抓住浙江经济发展的脉搏，于2005年初提出打造“农村金融人才重地”的目标，与浙江省农村信用社联合社共同组建了“浙江农村合作金融学院”，为浙江省应用型农村金融人才的培养打下了坚实的基础。2006年，学院成立“金融人才重地创新人才培养模式”工作组，在高校中率先创设了“农村合作金融专业”，并设立农村金融方向；同时，增加与“三农”经济有关的课程，每年还落实20%的毕业生到农村金融部门工作，并建立奖学金，对到农村金融系统工作的优秀毕业生给予鼓励。学院成立了浙江地方金融研究发展中心，整合学院及浙江省人民政府金融工作办公室、中国人民银行杭州中心支行、浙商银行等单位的资源，以打造浙江金融强省为宗旨，每年举行“打造浙江金融强省论坛”，形成浙江地方金融发展战略

研究等重大成果多项，并为政府相关金融管理部门提供政策决策咨询。

学院独资的杭州资信评估公司和控股的浙江众诚资信评估公司近三年共计为13594户企业提供信用等级评价，评估业务收入年平均超过1000万元，目前已经成为全省业务规模最大、资质最全的评估机构。公司承担全省信用担保机构的信用评级工作，被杭州市人民政府授予“杭州市中介服务业示范企业（机构）”，被指定为浙江省银行业协会“信贷诚信企业”评选的信用评估中介机构，成为“信用浙江”与金融行业的重要社会服务平台。学院下属的成教分院（浙江金苑培训中心）累计为行业企业培训55000余人次，培训师资（含国培、省培）1500余人次，取得了经济效益和社会效益的双丰收。其开办的高职业余和函授、高职成人脱产班、西南财经大学远程本专科、浙江大学远程本科等教学任务，为高职院校开展多层次、多方位的职业培训，在内容和方式等方面提供了诸多有益的经验，促进了终身教育的开展。

为进一步提升学院的社会资源整合能力，学院还积极开展紧密型产学合作基地及产学合作二级学院的建设，如联合德清县人民政府，共同创建混合所有制形式的“浙江金融职业学院德清学院”，与建德市人民政府共建跨境电商学院和跨境电商培训中心，与衢州市人民政府开展教育合作等。

（四）加强职教理论研究，支持、引领高职院校改革创新

学院紧密围绕国家职业教育改革和发展与学院教育教学工作，开展理论研究和实践探索，2007—2015年，连续9年在全国14种高等教育类核心期刊发表论文数居全国高职高专第一，先后被评为“第二、三届全国优秀高等教育研究机构”“全国‘十一五’教育科研先进集体”。

2015年底，学院被推举为全国高职教育研究会会长单位。目前，学院还是中国高教学会大学素质教育研究分会的唯一一所高职副理事长单位、高职素质教育工作委员会会长单位、全国高职院校党委书

记论坛副主任委员单位、全国金融职业教育教学指导委员会副主任委员单位、全国高职高专经济管理专业课程与专家建设委员会首任主任委员和秘书长单位、浙江省高职党建研究会会长单位、浙江省高职教育研究会理事长单位。通过充分发挥上述各类平台的作用，学院带领国内和省内高职院校在党的建设、职业教育理论、素质教育、高职高专经济管理类专业课程等方面广泛开展研究和实践。

学院还主动承担示范性院校引领全国高等职业院校发展、服务社会的责任。从 2005 年起，先后与山西金融职业学院、广西金融职业学院、陕西银行学校等中西部金融院校签订合作协议，在办学模式、人才培养方式、专业建设及教学管理等方面给予全方位指导。会同中国金融教育发展基金会等单位定期主办金融职业院校教育教学改革论坛和学术交流活动，以此推进中国金融职业教育事业的发展。通过 5 个国家级重点专业、2 个中央财政支持专业、8 门国家级精品资源共享课等建设，形成可供同类院校借鉴的专业教学标准、课程标准体系与教材体系，带动各类教育教学资源共享。

(五)弘扬诚信精神，传承金融文化

诚信是金融的灵魂，是金融从业人员的基本职业操守。浙江金融职业学院结合“金融”的职业特性和“金融人才”的品质特性，将“诚信”确定为校园文化的主题，把培育诚信职业人格和熟练职业技能兼具的金融人才作为学院诚信文化建设的目标。

学院办学之初就确立了“诚信、明理、笃行”的学风，专门成立“诚信文化研究所”，推出学生《诚信公约》和《诚信誓词》，编写教材《大学生诚信文化理论与实践》并开设相关课程，举办“诚信考场”，设立“诚信书架”“诚信档案”等，将诚信教育贯穿于学生在校的各个阶段。依托示范性院校建设平台之一——“金融职业素质养成基地”的建设，学院逐步构建起以诚信文化为基本特色的职业素质教育格局，彰显学院的文化

底蕴。学院的货币金融博览馆、票据票证博览馆是杭州市科普教育先进基地；校园的亭、池、楼、廊等环境之中都融入着诚信主题，让师生在耳濡目染中形成对诚信这一金融职业道德品质的认同。2007 年，学院出台《全面构建“三维文化”育人体系的若干意见》，把坚持“诚信文化”育人其中的首要内容，提出了弘扬诚信文化理念、加强诚信文化课程建设、完善学生职业人格、促进学生全面发展等方面的举措和意见，为金融类职业学院校园文化建设指出了新的发展方向。学院的“诚信档案”“诚信指数”对于社会诚信体系的建立起到了积极有益的参照作用。2008 年，率先在全国发起高职教育文化建设与可持续发展论坛(至今已举办四届)，极大地推动了全国高职院校的文化交流和影响。

经过多年的建设和发展，浙江金融职业学院诚信校园文化在彰显学校精神、强化育人效果等方面取得了良好成效。《人民日报》等多家新闻媒体从不同角度对学院创新育人机制、建设诚信文化给予了报道和评价。诚信文化、金融文化品牌在 2007、2008 年先后被评为“浙江省高校校园文化品牌”，学院被中国青年报、全国高职院校宣传部长联席会评为全国职业院校“魅力校园”。2015 年，以“诚信文化”为主要内容的文化校园建设得到浙江省委宣传部的肯定，学校成为省首批文化校园建设试点单位。

(六)热心公益事业，推进和谐社会建设

作为理性的社会公民，浙江金融职业学院积极参加社会公益事业，将自己的爱心播撒在扶贫帮困、教育、环保、志愿者行动等众多领域。

2003 年，学院建立“爱心基金”，其资金主要来源于全院教职员工自愿捐款，目的在于制度化地解决学生生活中的突发困难，如慰问遭遇突发事故的学生，为临时有急需用钱的学生办理临时借款等，同时，弥补国家助学贷款之不足，对不符合助学贷款政策条件的贫困生进行

补助和借款。近四年间,爱心基金共资助和慰问了 451 名学生,为 40 名同学办理了临时借款或学费借款,为缓解学生的经济压力起到了积极的作用。

学院始终把开展青年志愿者活动当作提高青年整体素质、推进社会和谐的一项重要使命,高举“爱心献社会,真情暖人心”的志愿大旗,建立了以校青年志愿者服务中心为统领,以各系青年志愿者分中心为主体的志愿者服务队伍,吸引了每年 2000 多学生的加入。学院利用一切有利条件,充分挖掘服务资源,克服远离市区、资源有限的困难,在校区所在地的三个社区建立和志愿服务站,每年为社会义务献血工作 300 余人次。积极参与西湖博览会、杭州动漫节、“第八届残疾人运动会”、大学生艺术展演、中国西部国际博览会、理财博览会赛会服务,连续四年获得西博会志愿服务先进集体称号,数十人评为志愿服务先进个人。连续三年获得浙江省暑期社会实践组织工作奖,有 5 支团队获得浙江省暑期社会实践先进小分队称号,4 人获得浙江省暑期社会实践先进个人荣誉。

2005 年,学院与淳安县瑶山乡幸福村结对共建文明,承诺每年至少帮助村里办一件实事。先后筑起了“共建路”“同心坝”“文明桥”,捐建了多媒体教室,捐赠近万册图书和诸多的体育健身器材,开展文化体育活动 40 余场(次),为幸福村举办科学技术、思想道德、实用技术等培训班 60 余次。学院每年还有针对性地选拔出一批师生组成暑期社会实践团奔赴幸福村开展社会实践活动,帮助开展政策法制教育、文明礼仪教育、诚实守信教育和科普知识教育;举办金融、保险知识的讲座和培训。2007 年 8 月,以“共建文明村校,共享幸福生活”为宗旨的“浙江金融职业学院幸福学院”在幸福村成立。借此平台,学院加大在幸福村的投入,结合幸福村的实际情况和村民们的迫切需求,重点设置农村金融、理财、保险等课程,分析村里的经济状况和薄弱环节,为幸福村的发展谋划新路,《浙江日报》2007 年 9 月 18 日以“开到山村里的大学”为题用整版的篇幅予以了报道。

2008年至今，学院一直与天台县龙溪乡开展“低收入农户奔小康工程”结对帮扶工作，定期选拔若干政治素质高、业务水平精、综合能力强的骨干教师到乡村帮扶。2015年起，选派多名干部教师参加浙江省“五水共治”督查工作；2016年，选派青年骨干支援柴达木职业技术学院并担任海西州教育局领导。学院还承担了“省社科联普及示范基地”“非物质文化遗产传承教育基地”等科普教育基地的功能，得到社会各界的好评。

以社会责任为核心的价值理念的确立，使浙江金融职业学院明确了自己办学的努力方向，牢固树立了“做学生欢迎之师，创社会满意之校，育时代有用之才”的社会形象，为学校的科学发展奠定了扎实的基础。

第二章

以“行业　校友　集团共生态”为特征的办学模式

高等职业教育是跨界的教育，既是就业与学习融合，也是技能培训与学历教育的融合，还是职业教育与高等教育的融合。跨界的教育需要跨界的资源，也需要遵循各界的规律。因此，高等职业院校需要构建跨界的“办学生态”。同时，高等职业教育自新世纪大发展并持续深化内涵建设以来，其中诸多问题与20世纪以来人类因过度发展而遭遇的生态问题在形成轨迹上有着高度相似。所以，我们不仅需要用生态学的观点、方法去思考、解决“人、自然、社会”的平衡发展问题，也同样需要以此观照高等职业教育尤其是高等职业院校的发展问题。

一、生态平衡：高等职业院校办学模式创新的理论基点

“生态学是研究生物与环境辩证统一关系的科学，也是一种科学的思维方法”。它要求人们以生态平衡为鹄的，从更高的层次上认识人、自然与社会之间的依存关系，更具危机意识、整体意识、和谐意识、

未来意识与回归意识等生态意识，掌握关联性、适应性、共生性、平衡性、遗传性以及可控性等分析、解决问题的生态学的原则与方法。同时它的影响力也日益延伸到社会领域，成为思考、解决社会问题的重要理念与方法。

作为社会子系统的高等教育尤其是高等职业教育赖以生存与发展的生态环境，在更大程度上受到了自然、社会等环境的影响。如果说通常意义上生态平衡理论强调的是“生态系统各个部分的结构与功能处于相互适应与协调的动态之中”(A. C. Tansley，1935)的话，那么高等职业院校的生态平衡便是重点指在一定的发展阶段与条件下，高等职业院校通过与周围环境的联系、交换，进行自身结构与功能性的调整，从而实现自身发展与多样社会需求满足的耦合，进而实现高等职业院校与所处的自然环境、社会环境与价值环境的和谐发展。高等职业院校办学模式是高等职业院校“举办、管理或经营学校的体制和机制的样式或范式”，是高等职业院校寻求自身结构、功能与自然、社会与价值等外在环境相适应的主要运行框架与道路。在当前高等职业院校由快速扩张转向内涵建设的时期，生态平衡理论为其办学模式的创新提供新的理论基点。而相较一般的本科院校，高等职业院校的生态平衡有着自身的特点——这是高等职业院校区别于本科院校的类型特征，却也是高等职业院校的生态危机之所在。

二、生态危机：高等职业院校办学模式创新的现实背景

当生态系统所受的外界影响超过自身调节的能力时，生态系统就会出现结构与功能失调，从而出现生态失衡，这就是通常所说的生态危机。就当而言，高等职业院校的生态危机则主要是在办学规模扩张、办学体制改革之后，在校企合作、开放办学的整体改革背景下，出现的暂时的结构与功能失调，其主要体现在生态承载力、制度配套及文化

特质等方面。这是高等职业院校办学模式创新的现实背景，也是高等职业院校通过办学模式创新迫切需要解决的问题。

(一)高等职业院校的生态承载力危机

高等职业院校的生态承载力主要是指其具备的资源所能承受的办学规模的能力。在职业教育诞生之初，学徒制是典型的组织形式，其数量取决于作坊或工厂的实际需要与师傅的数量，所谓的实践教学基地更是不成问题，在作为高级工匠培养的原始“高等职业教育”时期尤其如此。但高等教育大众化进程中，扩招不仅仅出于行业、企业的用人需要，还有着浓厚的经济与政治背景，而高等职业院校的办学规模则是这一进程中的增长幅度之最，但其配套资源的跟进却无法满足呈加速状态的高等职业教育改革需要，由其所导致的生态危机一方面集中体现在双师结构的教师队伍，校内生产性实训基地与校外顶岗实习基地等教学资源的不足上，另一方面集中体现在人才培养质量无法满足行业、企业需要的结构性失调上。在这样的背景下，“现代学徒制”的推行便失去了坚实的基础。

(二)高等职业院校的制度缺失性危机

作为制度化培养高素质技能型人才的社会机构，制度是高等职业院校推进校企合作、工学结合改革的重要生态条件。当前，无论是学校还是企业都有着合作的需求与基础。混合所有制、股份制办学、本科层次的高等职业教育等都是高等职业院校办学的探索方向。但从政府制度层面来看，国内仍然未见对于行业、企业参与或举办职业教育的明确政策优惠或支持，缺乏推进校企融合的制度保障与氛围，高等职院校迫切需要通过自身努力，以获得充分的行业、企业等社会力量的支持。在此框架下，就当前高等职业院校推进校企合作办学模式改革的现状而言，也仍然缺乏长效、稳定的制度支撑，基本是依靠单一维度的人脉联系或是供求关系维持。一旦发生人事变动或是行业发展不景气，校企合作便很难持续，利益共享固然容易，但风险担当往往只是各自的事务，难以建立健全的合作制度，使得校企双方都能在这一框架获得可持续发展。

（三）高等职业院校的文化同质化危机

如果说大学的文化是以北京大学的"兼容并蓄"为典型的话，那么高等职业院校目前尚缺乏具备示范意义并广为认同的文化典型。这里所说的文化同质化危机是指两个方面：一是高等职业院校与本科院校的文化差异尚不明显，二是高等职业院校各自的文化特色尚不明显。广大高等职业院校虽然近年来在文化建设上做出了较大的努力，并致力于打造以"开放合作、尚德重能"为标志的高等职业教育文化，但目前仍然缺乏整体效应。而文化特质恰恰是高等职业院校作为一个高等教育类型区别于其他高等院校的重要特质。

三、生态环境：高等职业院校办学模式创新的发展诉求

高等职业院校的生态环境主要就是以高等职业院校为中心，对高等职业院校的发展产生制约和控制作用的多元环境，主要包括：自然环境、社会环境与价值环境。而高等职业院校的办学模式创新便是致力于实现高等职业院校与所在环境和谐发展的办学生态环境。

当前高等职业院校的办学模式改革的轨迹是成为一方主办、多方参与，融教学、社会服务、科研开发等功能为一体，为高素质技能型专门人才培养提供教学管理与服务的开放式平台。这一平台的搭建要求营造和谐的办学生态环境，以满足高等职业院校在新时期的发展需要。这里的发展不再是数量的扩张，是一种在保持适度的规模的基础上的内涵丰富，是一种可持续发展。

(一)以资源为核心的自然环境

资源是高等职业院校自然环境的核心,是高等职业院校满足自身发展的需要,也是高等职业院校服务区域社会经济发展的需要,具有更多的“自然属性”,其重点是包括课程、师资、实践教学基地等在内的教学资源的配置问题。由于高等职业院校在区域社会、经济发展与整体高等职业教育改革中存在着一定的滞后,同时单一的投入主体或机制也无法支撑院校高速的发展,需要通过办学模式改革,进一步整合资源加以解决。

(二)以制度为核心的社会环境

制度是高等职业院校社会环境的核心,是高等职业院校规范、可持续发展,尤其是当前大力改革时期的“政策保障”,当前重点是校企合作、工学结合背景下的政策问题,即如何通过政策的拉动,保障高等职业院校校企合作、工学结合的开展,并保证双方在合作过程中的利益、风险的分享、分担。这是当前高等职业院校改革的迫切需求。

(三)以文化为核心的价值环境

文化是高等职业院校价值环境的核心,是高等职业院校可持续发展的软环境,也是高等职业院校区别于本科院校的重要特征,其当前的重点是致力于达成高等职业院校文化的共识,探索形成广大高等职业院校共有的文化与各个高等职业院校特有文化,从而取得社会对于高等职业院校乃至高等职业教育的文化认同。这是高等职业院校乃至高等职业教育实现可持续发展的重要标志。

四、生态模型:高等职业院校办学模式创新的个案分析

浙江金融职业学院的前身浙江银行学校是一所中国人民银行下属的中专学校,其本身就是一所行业办学,服务行业人才培养需求的职业院校,是国家级重点中专。但在2000年开始筹建浙江金融职业学院时,便面临着与其他同类学校一样的体制调整问题,即从行属院校划归地方管理。早在2006年11月,教育部出台的高等职业教育发展的指导性文件《教育部关于全面提高高等职业教育质量的若干意见》(教高〔2006〕16号,下简称16号文件),便要求高等职业院校服务行业、区域经济需要进行办学。在从2006年开始的国家示范性高等职业院校的建设进程中,教育部也强调了行业、企业融入度的问题。2015年10月发布的《高等职业教育创新发展行动计划(2015—2018年)》(教职成〔2015〕9号),更是明确提出要"深化办学体制改革,鼓励社会力量以资本、知识、技术、管理等要素参与公办高等职业院校改革……鼓励企业和公办高等职业院校合作举办适用公办学校政策、具有混合所有制特征的二级学院。鼓励专业技术人才、高技能人才在高等职业院校建设股份合作制工作室。支持成立混合所有制高等职业院校联盟"。浙江金融职业学院也面临着如同广大在办学体制改革中脱离行业主管部门却又不得不在新一轮高等职业教育改革与院校建设中依托行业办学的历史难题。学院的办学历程同样也是众多高等职业院校历史轨迹的生动写照,在高等职业教育领域具有典型性与代表性。而"行业、校友、集团"共生态办学模式创新,便是浙江金融职业学院在此历史难题中的选择。

"共生态"办学模式是基于生态学的理念与原理,结合学院的办学实践而形成的。学校的外部环境也是一个生态系统,外部环境有关的各个要素可以看作是这个生态系统内的生态因子,将高等职业教育集

团、校友及行业这些因子放在高等职业教育领域与社会领域的大系统中，构建起一个以高等职业院校与外部环境的联系为核心的生态模型——这个模型以“高等职业院校——外部环境”的互动、共生关系为核心，以自然环境构建为主线，以社会环境与价值环境要素地融入为辅，可以称为“行业、校友、集团共生态的高等职业院校办学模式”，以期打造和谐、平衡的高等职业院校办学生态环境——这是基于学院的自身特点与长期的实践、探索下的选择，是学院的传统与改革交织之下的必然产物。

(一)“行业、校友、集团共生态”办学模式构建的基本思路与主要路径

1. 行业——资源的整合

行业是资源整合的重要纽带。在管理体制的变革中，行业从原来院校发展的主要投入者转变为重要合作者，是除政府之外高等职业院校自然环境最主要的构成要素。与许多与企业直接开展合作的院校不同，浙江金融职业学院更强调在与行业合作的背景下，强化与企业的合作，以保证学院更好地接轨最新的产业转型升级要求和行业职业能力标准。学院在划归地方管理后签订的“厅行共建协议”(“厅行”即指浙江省教育厅、中国人民银行杭州支行)框架下，继续以行业为依托办学，借此提高资源整合能力，强化学院在教学、科研、社会服务的功能，构建满足于院校发展的良好外部环境。

(1)整合信息资源。

行业专家与企业骨干是高等职业院校发展中重要的信息资源。学院在升格办高等职业教育之初便成立了由金融行业管理部门领导、专家组成的学院发展咨询委员会与各大金融企业领导与业务骨干组成的产学合作委员会。发展咨询委员会主要提供行业整体发展与人才培养标准等方面的信息，指导学院面向金融行业整体需求，保证办

学定位与人才培养定位的准确性；产学合作委员会主要提供企业具体的人才培养需求与项目合作等方面的信息，指导学院针对金融企业具体需求，保证学院人才培养模式改革与社会服务的适切性。高规格的发展咨询委员会与产学合作委员会强化了学院作为浙江省金融从业人员的主要提供力量与在金融人才培养工作中的主导作用，在课题合作、实践调研、人才培养、就业指导等诸多方面为学院的建设发展提供了帮助，在学院与行业、企业之间架起了合作的桥梁。

(2)整合研究资源。

2006年5月，为响应浙江省提出的“打造金融强省”的战略决策，推动浙江地方金融发展研究，提高浙江地方金融综合发展能力，由浙江金融职业学院与浙江省人民政府金融办、人行杭州中心支行、浙江银监局、浙江证监局、浙江监保局、浙商银行、浙江省农信联社、浙江省金融教育基金会等九家机构共同合作成立了浙江地方金融研究中心。中心具有政策咨询、金融新业务与新技术开发、金融人才培训项目开发与服务、金融行业互动交流、金融学术与信息交流、中小企业金融服务和地方经济金融良性互动研究等服务功能。成立10年以来，浙江省地方金融研究中心有效融合行业研究资源，面向行业一线深入开展调查研究，中心研究人员在《金融研究》《财贸经济》《浙江社会科学》《浙江金融》等核心期刊发表有关地方金融研究的学术类论文200余篇，其中有20多篇被《新华文摘》《人民大学复印资料》等刊物转载和收入；承担了“浙江省自然科学基金项目”“浙江省社会规划重点项目”等各类课题50余项；以课题研究、决策咨询、业务指导的形式，向浙江省内金融机构提供了多方位的服务，直接服务各类金融机构，为金融企业的可持续发展出谋划策，累计超过30余项；研究中心所形成的研究报告和发表的论文得到了社会的各方面高度认可，其中有30篇左右的研究报告获得了副省级以上领导干部的批示，其中有近10份报告员获得了部级领导和党国家人的批示，有效推动了理论研究成果转化为“打造浙江金融强省”的战略实践;同时,中心成立 10 年来,累计举办大型论坛 20 余次,学术沙龙和理论研讨 30 余次,通过主办承办“打造浙江金融强省论坛”、当代浙学论坛、金苑大讲堂、大金融学术平台交流、行长论坛等品牌学术活动学术沙龙研讨会,初步搭建起一体化的学术交流平台,扩大了金融领域的影响力。

(3)整合培训资源。

作为浙江省重要的基层复合型人才培养基地,学院积极强化了附属机构浙江金苑培训中心功能,根据经济金融发展形势,尤其是金融行业对经营层、操作层人员素质提高的要求,组织教师开展行业培训需求调查。近 5 年来,学院继续教育与培训学院、金苑培训中心做深做大金融培训,根据需求开发出了适合金融行业中层和员工丰富的培训“菜单”,设计培训课题逾百项,完善终身教育体系,仅在 2015 年,就共为 22 家企业单位承担培训任务近 70 项,共培训 4200 余人次;培训效果受到各受托单位和受训人员普遍好评。先后被浙江省农村信用社联合社、省建设银行、省工商银行、省人寿保险公司作为员工培训基地,取得了良好的社会效益,利用资源开展社会服务中也取得了较好的经济效益,有力地推动了浙江金融从业人员的培养工作。

(4)整合服务资源。

学院许多专业依托强大的专业技术与服务能力优势,积极成立了服务于社会、企业和个人的高科技服务型经营实体。学院控股的浙江众诚资信评估有限公司与杭州资信评估公司,是浙江省内服务项目最齐全、服务范围最广、服务业务量最大的资信评估公司,在国内享有较高的知名度,为广大商业银行信贷部门提供授信企业的资信评估及信用等级界定,是师生面向社会,进行服务的重要场所之一。近三年来,浙江众诚资信评估有限公司年均服务企业近 2700 家,评估业务年均收入近千万元;杭州资信评估公司年均服务企业近 2000 家,评估业务年均收入逾 800 万元,为“信用浙江”建设和国内资信评估行业的发展做出了重要的贡献。

2. 校友——价值的传承

(1)开展捐资助教,汇聚办学资源。

十几年来,校友会积极组织校友开展捐资助教活动,关心和支持母校的发展。在校庆20周年之际,通过校友个人和所在单位的努力,共募集资金366万多元,支持母校建设了计算机实验室、语音室,配合母校资助兴建了浙江省金融高级人才培训中心,设立了教师出国进修基金,特困学生资助基金等。在校庆30周年之际,通过校友的努力共募集资金200余万元,在母校新校区投资建造了11个文化和景观项目,积极营造环境育人的氛围;2015年是学院建校四十周年,校友募集资金500余万元,建造了校园文化新地标"凝聚",向母校各教学校捐助了净化空气的"清风系统",为支持金融教育事业发挥了积极的作用,成为学院汇聚办学资源的重要平台。

(2)拉动行业支持,网聚各界力量。

成立至今,学院的事业发展有过三次重大的发展机遇,在每一次机遇面前,校友会都给予了学院大力支持。2000年,学院升格办高职,各地校友一如既往地给予母校关心和支持,在厅行共建协议的框架下,推动了人行杭州中心支行会同浙江省各金融机构及有关方面共同办好学院发展咨询委员会,会同有关金融机构为学院组建专业指导委员会,参与学院的专业调整、教学管理、提供有关金融业务的信息,为师生金融科研、实习调研创造便利条件。在学院新校区建设时期,在规划设计上,许多理事和校友都提出了建设性的意见建议,浙江省工商银行系统和中信实业银行杭州分行校友们积极支持学院贷款资金,确保了学院新校区建设的顺利进行。在学院申报与建设全国示范性高等职业院校时,校友总会与各地分会纷纷开展恳谈活动,为母校示范性申报与建设工作献计献策,并主动寻求与母校携手,为母校提供智力、技术支持，为学院师生实习、实训及学生就业提供帮助。上述一系列举措，充分体现了校友会拉动行业支持、网聚各界力量的重要作用。

(3)做好共同育人，积聚金院文化。

校友总会积极调动校友力量来帮助母校的教学和实践零距离探索，在学生的实习和就业上发挥了十分重要的作用。母校利用校友资源成立了500余个校外实习基地，使现有学生的毕业实习都能在对口的单位进行。通过校友的共同努力和社会各界的支持，学院近三届毕业生就业率达到98%以上，在浙江省内各高等职业院校中名列前茅，受到了好评。

学院被列为国家示范性高等职业院校建设单位之后，在校友力量的大力支持下，学院发起了以“千名学生访校友、千名校友回课堂、百名教师进企业、百名校友上讲坛、百名校友话人生”为主题的“2300”系列活动，使学院的校友文化内容得到了进一步的充实，使金院的优秀文化传统得到了良好地传承。

(4)带头奖学帮困，凝聚校友之心。

通过校友的积极沟通和组织发动，许多金融机构和企业单位出资在母校设立专项奖学金，以表彰优秀学生、鼓励学生成才成长。十年来，共设立了20余个奖项，其中包括杰出校友专门设立的“茁壮成长”奖学金，中国工商银行设立的“牡丹”奖学金，浦发银行设立的“浦发”奖学金，中信银行设立的“中信”奖教金等等。获奖学金学生也积极通过社会实践的形式，面向基层一线开展调研并走访设奖金融企业，有效提升了学生对于金融行业及社会需求的了解，并建立了在校学生与校友之间的纽带。同时，由校友捐款和单位捐赠充实的浙江省金融教育基金目前已有基金达2700余万元，包括为母校设立的专项基金有教师奖励和培训基金、优秀学生奖励基金、特困学生资助基金和优秀科研项目资助基金等，为支持金融教育事业发挥了积极的作用。不断上升的资助金额与不断丰富的资助类型，凝聚着校友拳拳之心，使学院获得了更多的教学资源，进一步彰显了校友在共生态办学模式中的纽带作用。

3. 集团——影响的拓展

(1)拓展订单培养，接轨行业标准。

订单式培养是学院最富特色的人才培养方式。在集团整体优势的推动下，众多集团内的金融、管理、房产及电子商务等类型的企业纷纷在学院设立订单班，大大拓展了学院订单培养的规模，使学院订单培养规模占毕业生总人数的近50%，成为学院人才培养模式改革的主要载体，做到了为用人单位量身定制人才，为开展以工学结合为重要切入点的人才培养模式改革奠定了基础。为强化订单培养的管理，学院成立了银领学院，与金融企业共同承担订单学生的教学与管理工作。订单培养规模的逐年拓展，使学院人才培养工作实现了与企业岗位能力标准的全面接轨，密切了企业与学院的联系，使学院的人才培养质量为相关企业所高度认可，有效促进了学生的优质就业。

高等职业院校的主要目标是培养高素质高技能应用型人才；企业的主要目标是获取利润。在目前的制度框架下，高等职业院校往往需要通过主动与企业进行沟通，增进双方了解，为进一步了解行业、企业人才培养需求。近十年来，学院坚持每年面浙江省内各个地(市)的各级各类金融机构，开展了金融发展与应用型金融人才培养调研，通过访谈与问卷调查等方式，重点了解了当前应用型金融人才培养的规格要求，并在加强校企合作、共育金融人才方面与各金融机构达成了共识。

(2)构建二级学院，融合多方需求。

为积极贯彻全国职教工作会议和国务院《关于加快发展现代职业教育的决定》文件精神，坚持产教融合、校企合作，探索构建现代高职教育办学模式和人才培养方式，2015 年 7 月，学院依托职教集团力量，与德清县政府、省农村信用合作社联合社共同签署《浙江金融职业学院德清学院办学实施方案》,共同创办了混合所有制的德清学院。三方共同参与,实现以资本、知识、技术、管理等要素参与办学并享有相应权利,开启了职业教育校政企合作新模式,将努力为"长三角金融后台基地"培养本土化专业技能型人才。

同时,在人才培养标准与地方及企业要求全面接轨的基础上,学院依托集团载体,以二级学院的构建为主要途径,探索出了产学合作新方式。学院与浙商银行成立了培训学院;与浙商银行、泰隆银行、邮储银行、杭州联合银行、台州银行等成立了小微金融学院。各系部也相继成立了产学合作的二级学院,如:金融系与浙江省农村信用联社、金通证券股份有限公司合作成立了农村合作金融学院与金通投资学院,会计系与浙江众诚资信评估有限公司成立了众诚会计学院等。二级学院的成立完善了产学合作的载体,融合了学院与相关企事业单位的多方需求,推动了产学合作长效机制的形成,成为"共生态"办学模式的有效组成部分。

(3)缔结产学合作基地,联合企业办学。

在职业教育集团的工作框架下,学院深入实施校企合作"千花盛开工程",学院全面推进了产学合作基地建设工作,目前学院已经依托职业教育集团缔结了近千个产学合作基地。比如:学院与浙商银行开展校企合作,促进产教校企深度融合,将浙商银行客服中心引入校内,共建银行客服实训基地,加强学生全真化专业学习实训,强化工学结合,探索"招生即招工、入校即入厂、校企联合培养"模式,创新技术技能型人才的多路径培养,推进合作育人、合作发展,切实回报社会。

(4)沟通中职学校,整合职教资源。

由于所属管理部门的不同和中、高职学校之间缺乏充分的沟通,中职学校与高等职业院校在专业、课程设置,人才培养工作等方面存在着诸多无法衔接之处。浙江金融职业教育集团在成立之初,便吸引了与学院有着长期合作关系十余所浙江省内中职院校加入。学院一方面每学期定期与中职院校进行交流，共同开展教研活动，在师资培训、专业与课程建设给予中职院校以充分支持，进一步强化了中、高等职业院校在教学上的联系，使中职升入高职的学生能在学习内容获得高的完整性与层次性；另一方面，通过宣传学院的办学理论与人才培养特点，扩大了学院在中职学校层面的影响，吸收了更多中职生源，实现了职教资源的良好整合，有助于提升职业教育的整体质量，办学职业教育的类型特色，提升职业教育地位。学院德清学院便是中高职一体化的有益探索。该院由县职业中专提供办学场地、校内外实习实训基地、师资；浙江金融职业学院提供高职阶段的管理、师资，并参与指导中职阶段教学和中高职一体化办学；省农信联社提供实训实习场地和就业岗位，共同制定人才培养方案和共建师资队伍。德清学院已于2015年9月迎来了首批电子商务(3+2)和财会(3+2)专业的100名新生——他们将在职业中专学习3年后到浙江金融职业学院就读，实习场地和就业岗位由省农信联社提供。

(二)“行业、校友、集团共生态”办学模式所解决的重要问题

1. 充实办学资源，突显高职特色

在当前高等职业教育的发展趋势下，更有效地利用多方资源是摆在高等职业院校面前的重大课题。“共生态”办学模式在充实高等职业院校办学资源这一问题上进行了探索，构建了较为完善的资源共享、凝聚与整合的平台，突显了与外部生态环境共生、互动的高等职业院校办学特色，为营造有利于高等职业院校发展的自然环境奠定了基础。

2. 深化校企合作，推动优质就业

“共生态”办学模式重点解决了办学机制、工学结合人才培养模式、社会服务机制等几大重要领域中的校企合作问题，通过成立银领学院

等校企合作二级学院，实现了办学模式与人才培养模式的双重创新，使高等职业院校办学中的利益相关者成为成本分担者与共同管理者，为学生的早就业、优质就业奠定了基础，使办学模式创新的成果在学生层面得以切实地体现。

3. 搭建开放平台，服务区域发展

作为社会机构的特定类型——高等职业院校，为社会服务是其主要功能之一。本成果通过依托行业、服务行业，利用职教集团平台等途径，结合学院示范性建设，投资近千万，搭建了金融职业教育师资培训中心、金融职业素质养成中心与金融职业教育网三大公共服务平台，为浙江省内行业、企业提供了在职培训、考证、资信评估、技术指导，在广大市民中普及了反假货币、个人理财等基础性金融知识与技能，推动了金融类教学资源的共建、共享，更好地服务了浙江省社会、经济的发展。

“共生态”办学模式是将生态学理念与方法应用于高等职业教育研究尤其是院校研究的一种探索，为高校，尤其是高等职业院校如何营造和谐的开放合作办学环境提供了新的思路、途径，有助于解决市高等职业院校在办学规模扩张、校企合作机制建设、社会影响力提升等方面存在的综合性问题，为院校发展营造良好的自然环境、价值环境与社会环境。从浙江金融职业学院的实践来看，“共生态”办学模式主要仍然是围绕院校自身发展的“小生态”系统，其在资源整合能力的强化，特别是价值环境与社会环境的优化上仍然存在着力量有限，动力不足等问题，有赖于通过全国高等职业教育这个“大生态”系统的进一步优化而获得更为旺盛的生命力——这是各个高等职业院校与整个高等职业教育体系实现可持续发展的题中应有之义。

第三章 以"一二三三"为主要目标的办学功能建设

一、办学功能内涵

大学的办学功能体系作用的发挥是以人才培养为主的一体化过程，大学的四个功能（人才培养、科学研究、社会服务、文化传承与创新）不是并列的，也不是相互独立的，从大学发展的逻辑起点和历史起点来看，它们是以人才培养为中心，相互交叉、相互融合，而构成的一个统一整体，归根到底要服务于大学为满足一定社会发展需要而培养人才这一本体功能。大学之为大学，本体功能就是人才培养。科学研究、社会服务与文化传承与创新都是本体功能的衍生与细化，这些功能是为了使本体功能更充分地实现而存在的。现代大学的功能具有综合化的特征，它们以人才培养为落脚点，在具体实践中大学通过科技发展、社会服务、文化传承与创新、知识传授来培养人才。高职院校作为高等教育的另一重要形式，其兼具高教特性和职教特点，在四大办学功能的发挥上虽有主次之分，但都兼容并包。

合理而准确的办学定位更是办好高职教育的前提和基础，正如原教育部长周济所指出的：高职教育必须科学和准确定位，找准自己的定位范围和发展空间。美国梅隆大学校长柯亨也指出：制定大学战略目标的关键是找准自己的定位。只有正确、合理、科学的定位才能保证高职学校的规模、结构、质量和效益协调发展。高职教育定位其实质是找准高职教育在社会和高等教育前进过程中属于自己的发展空间，以及自己在发展过程中的相应位置。高职教育定位一般包括理念、目标、层次、类型、学科、教学、布局、运作、管理和规模等多个方面，每个方面都有一定的选择范围和空间。其中办学目标、类型与层次的定位是高职教育定位的基本方向。从整个社会系统和高等教育体系来看，高职教育定位是政府社会以及教育行政部门根据高职学校自身的基础和优势、国家和社会需要以及学生成才的需求，通过有效的制度安排和机制对一个国家、地区的高职教育进行宏观调控和引导，对高职教育的角色和任务进行宏观的规划；从高职院校微观角度来看，高职教育定位是高职学校对其自身办学的诸多要素，包括发展目标、类型、特色、层次、办学形式以及教学管理和规模等各个方面进行的范围选择，即通常所说的高职学校定位的问题。

办学定位是学校建设和发展的基本指导思想，是学院发展的航标。高职教育要坚持以服务为宗旨，以就业为导向，走产学研、产教研相结合的发展道路，坚持面向社会和市场办学，培养适应生产、建设、管理、服务第一线需要的数以千万计的高素质技术技能型人才，为全面建设创新型社会服务，为经济转型升级服务，为区域经济服务。这一基本的办学思路将是高职院校确立自己的办学定位的基本指针。

二、国外对职业教育办学功能的研究概况

(一)美国社区学院的办学功能

1. 体现终身教育理念

19世纪末,美国社会经济快速发展,要求接受高等教育的人越来越多,社区学院应运而生。为了适应社会、经济发展的需求,美国社区学院逐渐成为集学历教育、证书教育、培训教育和终身教育为一体的教育机构,成为美国高等教育体系的重要组成部分,也是美国普及教育和社会生活的关键一环。其特点有:入学门槛低,办学功能多样化,依据市场需求设置课程等。充分体现了一个理念:终身教育。

2. 给我国高等职业教育的启示

我国高职院校应该作为职业教育的中转,发挥其枢纽作用,下连中职,上接应用本科、研究生教育,彻底打通职业教育的立交桥,设立职业教育从低级到高级各个层次的学历教育,建立现代职业教育体系,熟练掌握各种应用型技能。同时丰富高职院校的办学功能,增加职业技术证书教育,将原来某些政府职能部门的职业资格证书考试下放到高职院校,为在校生和社会人员提供就业的上岗证书。随着城镇化步伐的加快,越来越多的农民工进城打工,为了适应工作的需求,他们对再就业的各类培训的要求日益迫切,高职院校可以利用自己的优势资源,提供各种短期的培训教育,面向社会培训各类人员,为提高产业工人的整体素质贡献一份力量。在条件允许的情况下,面向社区,增加终身教育功能,进一步加强社会服务能力。

(二)日本高等职业教育的办学功能

1.日本高职教育机构办学功能的演变

日本是世界上职业教育最发达的国家之一,也是在社会发展过程中受惠于职业教育最大的国家之一。先后出现了短期大学、高等专门学校、专门学校等。随着时代发展,短期大学、高等专门学校、专门学校的办学功能发生了一些演变。这是随着高职教育体系的完善,职教与普教衔接的加强而产生并且不断发展的。除了最基本的职业技术教育功能外,逐渐形成了以下几种功能:转学教育功能、社区服务功能、继续教育功能、普通教育功能等。

2.给我国高等职业教育的启示

日本于1950年设立短期大学,此后,根据社会发展的需要,逐步设立高等专门学校和专门学校,形成完整的高职教育体系。短期大学、高等专门学校、专门学校经过几十年的发展逐渐成为集职业技术教育、转学教育、继续教育、社区服务、普通教育为一体的综合性高等教育机构。应该指出的是,日本高等职业教育机构的各项功能是随着社会经济的发展而出现的,在不同时期各有侧重,在经济建设和社会发展中所起的作用是不同的,满足了当地(社区)居民的不同需求,为当地(社区)的经济建设和社会进步做出了贡献。日本高等职业教育机构的以上五大功能又是相互联系、相互渗透、相互影响的,如继续教育的内容既包含转学教育、职业教育和社区服务方面的内容,同时又对转学教育、职业教育、社区服务具有促进作用;普通教育的内容与转学教育、继续教育的内容有相一致的地方,并为转学教育、职业教育、社区服务的顺利实施奠定了牢固基础。我国高等职业教育起步较晚,办学时间不长。1999年高等教育扩招后,高职才开始大规模的发展。经过10多年的实践探索,高职教育取得了很多成绩,也面临着一系列问题。日本高职教育随着社会发展而转变办学功能的做法对我国高职教育的改革与发展有一定的启示。首先,高职应构建更为完善的办学体系和层次,满足各类人员对高职教育的需求。其次,畅通职业教育与普通教育的衔接,扩大教育对象,解决不同学生之间的转学、升学等问题。最后,以市场需求为导向,调整与扩大高职教育的办学目的和功能,更好地为我国经济建设和社会发展服务。

三、浙江金融职业学院办学定位演变

(一)"十二五"时期"一二三三"办学定位

"就业立校""合作兴校""服务强校"是学院坚持的办学方针和发展路径。近年来,学院积极并全面履行人才培养、科学研究、社会服务、文化传承与创新等大学职能,在重视和加强人才培养工作的同时,鼓励教师开展科学研究、提高专业水平,以此促进服务能力的提高。学院"十二五"发展明确提出学校今后的功能定位为"一二三三"办学,即"办好一个主体"(高质量高等职业教育学历教育),"发展两翼"(科研服务行业企业和政府、资信评估服务行业企业和社会),打造金融领域"三个中心"(金融职业人才培养中心、金融技能考证鉴定中心、金融科研信息服务中心)和高职领域"三个基地"(高等职业教育理论与政策研究基地、高等财经类专业师资培训基地和金融类专业资源建设基地)。

(二)"一二三三"办学解读

1. 办好一个主体

办好一个主体,即做好学历教育。浙江金融职业学院作为一所经济管理类职业院校,致力于高素质、技能型金融人才的培养,为浙江省乃至全国培养了50000多名优秀金融人才，其中大多成为各个金融机构的骨干力量，为我国金融事业的发展提供了巨大的人力资源支持，在高素质、技能型金融人才培养工作中做了许多有益的尝试，取得了较好的效果，被誉为"金融黄埔""行长摇篮"。

从1975年浙江省银行学校到2000年升格筹建直至今天，学院坚持按照国家高等职业教育法律法规办事，研究探索高等职业教育运行规律，办学始终坚持以生为本原则，坚持"坚定不移的开放办学理念、始终如一的以生为本理念、与时俱进的创新发展理念"。

学院以"做学生欢迎之师、创社会满意之校、育时代有用之才"为基本价值理念，正确把握"传承行业优势、服务地方经济、培育实用人才"办学定位，始终坚持"就业立校、服务强校、合作兴校"办学方针，时刻牢记"特色鲜明、人民满意、师生幸福"办学宗旨，凝练形成了一整套系统的办学理论，并在实践中加以的充实和完善。例如，在办学模式上，提出了"行业、校友、集团共生态"理念；在人才培养上，提出了"六业贯通"[1] 的理念；在学生服务与素质提升上，提出了"三关"、"四化"的理念；在队伍建设上，提出青年教师"三历"、高层次人才"三融人"，管理干部"三型"理念；在校园文化建设上，提出以金融文化、诚信文化和校友文化为架构的"三维文化育人"理念等等。学院招生从2000年首届高职计划的400人到2015年的3000多人，毕业生就业率持续维持在95%以上，无不体现了学院办学人才培养主体地位的优势。同时为做好人才培养和社会需求的对接，学院从2001年开始探索建立了订单式培养机制，与台州泰隆信用社合作培养订单生。2008年3月，学院组建了"浙江金融职业学院银领学院"，成为学院订单式人才培养的一大品牌。至今，学校共与121余家单位签订订单培养合作协议，共培养订单毕业生8760余人。

2. 发展两翼

科学研究是高职院校校企政合作、产学研融合的基础。作为一个财经类高职院校，我们的科学研究主要致力于研究地方金融改革与发展问题的金融政策方面。自 2006 年 5 月 18 日，学校在浙江省人民政府金融办、人行杭州中心支行、浙江银监局、浙江证监局、浙江监保局、浙商银行、浙江省农信联社、浙江省金融教育基金会等八家机构共同合作支持下，成立了“1＋8”机制的浙江地方金融发展研究中心（以下简称研究中心）。学院研究中心自成立以来，召开浙江“金融强省”建设系列论坛 5 次，承担省哲学社会科学规划重点课题、省科技厅软科学项目等以浙江“金融强省”建设和地方金融改革发展为主题的省级课题 10 余项，出版了《浙江地方金融发展探索》《浙江地方金融发展研究》《浙江金融强省发展战略》等学术专著、论文集 12 部；同时，在《金融研究》《财贸经济》《浙江社会科学》等期刊上发表浙江地方金融研究类学术论文近 100 篇，主持完成了杭州“十二五”地方金融发展规划，主持了杭州都市圈“十二五”金融发展规划，主持研究嘉兴南湖区金融示范区建设规划，受托为浙商银行、湖州银行、嘉兴银行、金华银行等省内地方金融机构和华峰集团等企业制订发展规划或提供专业技术服务；合作参与省市理财博览会，制度化、经常性地参与大众金融与理财知识普及服务活动，出版《理财一本通》系列、《中小企业经营管理》系列等科普读物约 20 本。研究中心服务于政府、行业、社会的一系列举措产生了较好的服务效果，得到了浙江省政府、金融界和社会大众的认可好评，取得了良好的社会效益，成为我省研究地方金融的一个重要窗口和重要基地。

服务社会是产学研结合要实现的功能之一。建院初期，学院接手了杭州资信评估公司；2002 年，学院又控股成立了浙江众诚资信评估有限公司，面向全省企业开展企业信用等级评估工作。从 2004 年起，评估年均服务企业近万家，业务收入年均逾千万元，所承担的全省信用担保机构信用评级工作被杭州市人民政府授予“杭州市中介服务业示范企业（机构）”，并被指定为浙江省银行业协会“信贷诚信企业”评选信用评估中介机构，成为“信用浙江”与金融行业的重要社会服务平台；

经过多年的发展与积累，公司的行业龙头地位进一步稳固。公司被推选为浙江省信用协会副会长单位、浙江省企业信用促进会信用服务行业协会常务副会长兼秘书长单位、杭州市信息协会副会长单位、杭州市经纪人协会常务理事单位。公司还多次被杭州市委市政府授予“现代服务业先进单位”“中介服务业行业标兵”和“社会责任建设先进企业”等荣誉称号。联办的企业，既发挥了学院人力资源的优势，拓展了学院为社会服务的功能，还强化了学院与社会的联系，提升了学院产学研合作水平，扩大了学院的社会影响。

3. 打造金融领域“三个中心”

中心之一为金融职业人才培训中心。浙江金苑培训中心是学校全额出资成立的企业法人机构，成立于 2005 年 9 月，注册资金 300 万元，是学校服务社会的主要窗口，专门为金融系统及社会各界提供成人非学历教育的专业培训机构，2005 年成立至今，专注于金融、会计、财税、法律等专业领域，面向商业银行行长、客户经理、主办会计、综合柜员和新员工等不同层次、不同岗位的员工，组织各类培训 400 余期，学员超过 4 万人次，培训内容涵盖商业银行经营理念、风险控制、操作实务、业务创新、理财实务、职业能力、职业道德、法律解读、野外拓训等 80 多个方面。截止 2015 年 12 月，浙商银行股份有限公司、中国农业银行浙江省分行营业部、中国邮政储蓄银行浙江省分行、中国人民保险公司杭州分公司、信泰人寿保险股份有限公司、浙江农村合作金融机构等六家金融机构与在培训中心设立培训基地，作为在职干部、员工的培训基地。

中心之二为技能人才考证考级资格认证中心。成立于 2007 年 5 月，从无到有，从小到大，职业技能鉴定机构数量 2 个增长到 8 个，职业技能鉴定工种数量由 2 个增长到 8 个，职业技能鉴定服务规模由 1181 人次增长到 3599 人次，职业技能培训服务规模由 2362 人次增长到

8000人次，社会服务功能得到丰富与强化。截止2015年12月，承担省内地市人行考试系统技术支持，承担省教育考试院辖下大学英语及计算机等级考试项目的组织实施工作；面向社会和本校相关专业学生组织证券从业资格、银行从业资格、反假货币上岗资格、注册会计师、高新技术、银行行员招聘考试等各类考试；开展了助理营销师、涉外秘书、通用管理能力考试等。协助各系部完成职业资格证书报名考试工作，包括金融系理财规划师、国际商务系涉外秘书、信息技术系高新技术办公应用高级（XP）、多媒体制作员等。2014年首次承办全国注册会计师统一考试。本部门的考证考级服务，为学院人才培养和双证书水平提供了强有力的支持。

中心之三为浙江金融学术信息交流中心。2012年11月3日，成立“浙江金融学术信息交流中心”。该中心是学院图书馆建立的一个集经济教育和金融资源于一体的、目前国内高校中经济金融类数据库最全的“小而专”数字化信息平台，借助VPN网络技术，为本院全体师生、经过认证的其他院校以及行业用户提供各种专业化的电子数据和信息。它依托海量的数字信息资源，可为用户提供检索、阅读、下载、交流、预定、馆际互借等常规及特殊要求的多渠道、全方位的信息服务。用户通过统一的检索界面，对系统内的数据和知识库进行访问，即可方便快捷的获取自己所需的信息资料。

“浙江金融学术信息交流中心”由“金融资源”“学术交流”“文献传递”“读者在线咨询”“移动图书馆”等五个主要部分构成。

目前，“浙江金融学术信息交流中心”已发展起一定数量稳定的用户群，单位用户包括杭、甬、温、金、台、嘉等多家有所选择的重点金融机构以及哈尔滨职业技术学院、长春职业技术学院、陕西银行学校、乌鲁木齐职业大学、广西银行学校、丽水职业技术学院、贵州商业高等专科学校等兄弟院校；个人用户包括各地校友会主要成员和2012、2013、2014、2015届毕业生等数千人。今后的发展目标是壮大平台的服务群体，继续延伸服务面向，力求将“浙江金融学术信息交流中心”建成国内最精专最权威的金融信息中心，全面服务于各高校金融机构及行业经济领域。

加强“三基地”建设，增强全国性地位。一是加强金融类职业教育的资源建设基地。学院作为项目主持单位完成了 2012 年立项的金融专业职业教育资源库的建设，承担着 2014 年立项的国际贸易专业职业教育资源库建设，作为参与院校还完成了会计专业教学资源库之“企业财务管理”和市场营销专业教学资源库之“营销策划技术”等课程资源建设工作。资源库建设项目和课程如此之多，很好的体现了学院在国内高职金融教育中的地位他。同时，学院的 8 门国家精品资源共享课已立项并正在转型升级中，校内还开展了大量的金融类相关数字化教学资源的建设。资源的建设和辐射推广，正积极推动着学院全国金融类职业教育的资源建设基地的建设。二是加强财经类职业教育的师资培训基地。2008 年，学院成为全国高职高专教育教师培训基地，继续教育与培训学院承担具体培训管理和组织工作，积极开展国家级、省级等各类师资培训，至今已举办国际贸易实务、房地产、市场营销、投资理财等国家级师资培训班 8 期，国际货代、会计等中职师资考证培训班 6 期，其他全国、全省专题培训班等 13 期，共计 1470 余人次。2009 年、2010 年、2011 年、2012 年，被全国高职高专教育教师联盟评为优秀培训单位。三是加强高等职业教育理论与政策研究基地建设。按照立足创新、提高质量、增强能力，以强化特色、打造品牌为目标，深化科研体制改革，逐步建成特色鲜明、优势突出、结构合理、协调发展的高等职业教育理论与政策研究基地，着力加强高职教育发展研究中心建设，进一步提高研究质量，增强理论创新和人才培养能力，进一步促进理论联系实际，增强社会服务能力，适应社会重大需求，有针对性地开展各种学术活动；聚焦上级重大政策，加强应用对策研究，大力提高决策咨询水平；推进产学研结合，促进科研成果的转化应用。研究中心积极参与起草有关重要文件，为学院发展提供智力支持；积极参与国家级、省部级重点课题研究，集中发挥中心的教育科研实力；以科研课题为载体开展系统研究，不断提升科研成果质量；完成学院学报各项工作，不断提升学报办报质量。学院在14种教育类核心期刊的发文数已连续八年位居全国高职高专院校第一名，2014年12月，高职教育发展研究中心获浙江省第二届优秀高等教育研究机构称号。

（三）“十三五”时期“一主两副多点”办学定位

《浙江金融职业学院“十三五”教育事业发展规划纲要》提出全面建设更高品质幸福金院，精心打造最具魅力高职院校。巩固成果、稳中求进、抢抓机遇、创新发展，努力把学校打造成教育质量优异、金融特色鲜明、体制机制科学、服务能力突出、社会声誉美好、发展潜力强劲的国内一流、国际知名的高职院校。为此，学院“十三五”发展明确提出学校今后的办学功能定位为“一主两副多点”办学定位，即“办好主体”（高质量高品质高等职业教育学历教育），“建好两副”（建好德清学院、建好建德跨镜电商学院），“布好多点”（与浙商银行、衢州市人民政府、嘉兴市人民政府等）。

1. 办好主体

坚定不移地办高质量高品质高等职业教育学历教育，贯彻以生为本理念，不断提升学生培养质量，以适应经济社会发展需求，为经济转型升级服务，办人民满意的教育。

2. 建好两副

一是深入推进德清学院混合所有制办学模式。完成《浙江金融职业学院德清学院办学实施方案》的起草并落实阶段性任务。浙江金融职业学院、德清县政府、省联社合作三方分别以高职阶段的办学场地、管理、师资，及参与指导中职阶段教学和中高职一体化办学；中等专业学校办学场地、校内外实习实训基地、师资；提供实训实习场地和就业岗位、共同制定人才培养方案和共建师资队伍、参与教育和教学改革等为要素投入，探索校政行企新型合作育人模式，创新职教办学体制，实现生产要素在职教改革领域优化配置。二是积极探索建德跨镜电商学院办学。针对建德市政府和企业在跨境电商行业氛围和技能方面还有不足，需要通过培训等方式营造氛围、加强意识，需要引进和培养适应新的产业发展的人才，需要在发展职业教育的同时也加强成人教育和技能培训。我校利用这个有利之机，探索设立建德跨镜电商学院，从而为当地培养适用人才。

3. 布好多点

加大校政行企合作，适度适时拓展办学空间，优化办学布局。探索“校企一体化”办学，推进产教融合，以专业和专业群为主体加强与浙商银行等省内外有较强影响力的企业和企业集团共建实习实训基地。浙商银行总部客服中心成功落户我院，并与我院合作创建了“银行客服实训基地”，成为全国高校校园内第一家“校中行”。合作发展处会同教务处、各系部与浙商银行总部客服中心进一步探索“现代学徒制”。多次组织学院有关部门与客服中心就学生定岗实习、订单合作及客服中心日常运营有关事项。深化与衢州市人民政府、嘉兴市人民政府等地方政府的战略合作，不断促进学校办学功能的多样和办学格局的拓展。

第四章 以“七彩金院　交相辉映”为主要架构的办学格局建设

四十多年前，最初创办浙江银行学校时，没有人会想到它会发展成今天的浙江金融职业学院。在这个发展过程中，形成了金融系、投资与保险系、会计系、经营管理系、国际商务系、信息技术系、马克思主义学院（人文艺术系）的“七彩金院、交相辉映”办学格局，从整体上彰显了学校的办学特色和办学成效。

一、七彩金院的内涵

七彩金院是一个形象比喻，内涵有大有小，从大的方面，是指浙江金融职业学院的办学，要丰富多彩，要充满活力，有创新不止。说通俗一点，就是学校要有特色、要有鲜明的特点，要有活力、要充满活力。

说特色，就是学校要具有高职特色。浙江特色、金院特色，即既不同于普通高校，当然也不能等同于中职学校，也不同于其他高职院校，不同于省外其他金融高职院校。要体现“披沙拣金、融会贯通”的校训侵润，要体现“勤奋严谨求实创新”的校风吹拂，要体现“诚信明理笃行”的学风和“尚德精业爱生”的教风熏陶。

说活力，就是学校既要有团结向上的正能量，面对外部发展竞争压力的挑战，有克服困难争取胜利的动力，有瞄准目标勇创一流的活力；既要快马加鞭催人进的动力，更要有不用扬鞭自奋蹄的动力，自下向上的创新，自上而上的推动相互作用，共同发展。

在富有特色和充满活力的基础上，学校要瞄准一流，这既是我校现有名声所致，也是我校作为全国第一批示范校，浙江省第一家人才培养水平评估优秀等级学校所为，更是金院人品格所在。

富有特色、充满活力、勇创一流是七彩金院的大内涵，也就是平常人们所说的不可替代，难以复制、不可再造。

二、交相辉映的内涵

七彩金院、交相辉映作为一个目标，始于学校“十二五”发展规划，规划提出建成“七彩金院、交相辉映”的办学格局，有三层内涵。

一是以七彩金院推进交相辉映。也就是各专业各自定位，办出特色、办出水平，就初步构成了浙金院交相辉映的发展局面。

二是以交相辉映助推七彩金院。因为交相辉映的另一层含义是相互支持，共同发展，七个专业群，不是七个学校，而是同一法人下的教学组织，相互开课、相互支持等都是十分必要的，也是必须的。

三是让七彩金院和交相辉映共同作用。因为交相辉映的另一层含义是鼓励，推进各专业群，各系要以专业和专业群、系为单位积极开展校企合作，促进产教融合，联合或共同组建校企合作的学院，研究院或研究中心，促进工学结合和知行合一，不断提高人才培养质量。

以上分析，实际上是说，产教融合和校企合作，不仅要在学校层面，更要在专业和专业群层面，从而有利于校企合作的纵深发展。

三、"七彩金院、交相辉映"办学格局的功能

七个系院，都是一个独立的整体，其结构相对于学校可能相对简单，但也都是一个复杂的系统，具有复杂系统所具有的基本特点。学校的每一层结构都有可能继续演化程一个上一层的结构，并且每一层结构都实现了某一方面的功能。像学校办学格局这样重大的、热点的、敏感的教育议题，对其开展有效研究同样是复杂的，因此，必须有足够的理论依据，否则难以对构建学校办学格局提供有力的支撑。

（一）倡导整体文化、强化内外协调

观念的形成在价值观形成中发挥重大作用，只有建立起一个系统文化并不断地内化这个理念，才能建立可持续发展的学校。法国社会学家皮埃尔·布迪厄提出的"场"的概念。由此引申出的"学校场"具有高度的自足性和自主性，我们称之为"静态的学校"。当然，没有人有意做出让系统不可持续的决策。每个人都做出了自己认为最好的决策，但他们都处于同一个严重分立隔离的系统。每一所学校都由多种多样的利益主体构成。学校发展系统建立学校发展的方向感，激发教师与学生对学校发展愿景的认同与承诺。如果学校真的发生变革的话，这些利益不同的个人和团体对学校的教育目标的理解和参与学校的行动也必须能协调一致起来，要提升学校的战略价值，必须倡导系统文化，强化学校发展系统的内部与外部协调。

（二）建立系统框架、整合分析层次

当前学校逐渐披上了现代机构的外衣，部门越来越多，层级也越来越多。然而，学校却呈现出"有组织的无政府主义"的状态。学校领导力，不仅体现在学校领导身上，而且表现在学校所有利益相关者的

共同努力。在学校中，困扰人们工作的模式通常是这样的：由于工作紧张的压力，使人们都不愿花时间寻求综合完善的解决方案，对“应急之道”与“权宜之计”的依赖逐渐加深。学校发展系统的复杂性决定了对其研究也是复杂的，具有很多层面，但它不是机械的。什么样的组织会出现，以及它们如何演化，这两方面均受到制度框架的根本性影响，反过来，它们也影响制度框架的演化，对系统的分析需要选择某个分析层次作为研究的重点。就解决问题而言，根据系统组成部分的行动恰当地解释系统行为，与仅仅停留在系统水平的解释相比，更具稳定性与概括性。通过整合分析层次，建立系统框架。

（三）激发基层活力、改进学校治理

《国家中长期教育改革和发展规划纲要（2010—2020年）》提出“创新办学体制，建设现代学校制度。”“活力”是一个常用词语，其最基本的意义为“旺盛的生命力”。人们把目的和手段勉强划分时，活动的价值决定于它能否完成目的的要求，作为手段的活动就往往成为苦役。在学校这样一个学习型组织中，探索与推行知识管理，管理只是手段，其目标在于提升知识的创造性价值。而人是这些关系主体。如要达到系统有效运作，推动学校发展，很大程度上取决于人们的自由的主体作用的发挥。我们的任务，正是做出这样的改进，通过激发系统中主体主动性的发挥，在个人、组织、人际互动层面，营造一种开放、宽容、探索、合作的教学创新氛围，形成人与人之间对话、合作性、发展性文化，引导学校发展系统向合理的方向进化，以创新现代学校治理回应当下教育改革，为学校发展提供战略支撑。

四、“七彩金院、交相辉映”办学格局的实践探索

学校办学格局的形成是一个长期的、复杂的和非线性的过程，这

个过程反映出来的复杂性决定了学校具有多种演化的可能性。我们探索学校这种复杂的群落得以持续生存和正常运行的机制，并不只是一种单纯的学术上的探索，一些现实问题，如促进学校发展或阻止学校衰败，就有赖于对这些问题的认识。而传统的还原论方法难以揭示学校办学格局的内在规律和独特机制，我们尝试通过具体描述以呈现“七彩金院、交相辉映”办学格局的实践探索。

(一)金融系

浙江金融职业学院名在金融，情在金融，亮点应该在金融，学校站在全校、全省、全国的层面上建设金融系，金融系必须办好，必须切实加强专业和学科建设，从第一大系变为第一品系。特色表现在：一是金融专业教学资源库建设顺利通过验收；二是优势特色专业建设中期检查阶段性成果显现；三是课堂教学改革创新扎实推进；四是金融专业国家教学资源库后续发展研讨暨金融专业标准论证会；五是按照计划完成了中央财政重点支持的金融专业综合实验室建设项目和省级优势专业实验室建设项目智慧教室的全部建设工作；六是以学生朋辈互助成长工程为载体，开展服务发展型学生工作；七是教学科研及师资队伍建设成果显著，加强校企合作与社会服务能力增强，金融专业群签订了60余个校外实习基地，金融专业群校外实习基地已覆盖到大型商业银行、股份制银行、商业银行、农村金融机构、证券公司及非金融机构等企业。

金融系现有招生专业3个，2000余名在校学生。其中，金融管理专业是教育部、财政部重点建设的国家示范专业、省优势专业，农村金融专业是省级特色专业，国际金融专业是院级重点建设专业。系部下设金融教研室、金融基础教研室、国际金融教研室、农村金融教研室等4个教研室。金融系在浓郁的三维文化氛围中，围绕知识学习、技能训练、能力培养和素质提升四大主题实施学生“千日成长”工程，并通过构建五位一体、纵横结合的矩阵式就业工作体系，与金融企业建立长效化的产学合作机制，实现学生顺利就业、优质就业、对口就业。

金融系拥有一支实力雄厚、结构合理、富有朝气和开拓创新精神的教师团队。全系具有副高以上职称教师17人，其中教授6名，副教授11名，中级职称20人，博士、硕士37人，浙江省高校中青年学科带头人1名，省新世纪“151”培养人才第二层次人选2名，第三层次人选3名，省高职(高专)专业带头人3名，全国优秀教师1人，省级教坛新秀1人。金融管理专业核心课程团队是国家级优秀团队，也是金融专业国家教学资源库的牵头单位，同时，还聘请了80余位来自金融一线的行业专家及业务骨干参与专业课程教学。

近年来，全系教师在《金融研究》《中国高等教育》《中国高教研究》《高等工程教育研究》等各类公开刊物发表学术论文300余篇，出版专著20余部，编写专业教材30多本，主持及参与国家社科基金、省哲学社会科学、省科技厅以及行业委托等各类研究课题100余项。金融管理与实务专业以就业为导向、以订单为载体的金融“银领”人才培养机制建设获第六届高等教育国家级教学成果二等奖以及浙江省第六届高等教育省级教学成果一等奖。金融系构建了富有高职特色的课程体系，已有《商业银行综合柜台业务》《现代金融概论》《银行会计实务》等三门课程跻身于国家精品课程行列，面向全校开设《现代金融概论》《经济学基础》等多门校本课程。金融系已建成运行货币陈列与鉴别实验室、现代银行柜员实训中心、金苑模拟银行、金苑华尔街、金融票据鉴别研究中心等多个高标准、全真化的校内实验实训基础和50多个紧密型校外实习实训基地，为学生实习实训提供了有利条件。

(二)投资与保险系

投资与保险系是浙江金融职业学院重点培养投资领域、保险领域与银行综合理财服务领域的应用型专业人才和开展相关领域社会服务的二级教学管理单位。该系现有投资与理财专业、保险实务专业(含医疗保险专业)。投资与理财专业为浙江省高职(高专)特色专业、浙江省高技能人才培养项目建设专业,是中央财政支持的“高等职业学校提升专业服务能力”项目建设专业。保险实务专业是国家示范性重点建设专业和浙江省重点专业。另外,本系还拥有面向全院学生提供公共基础教学的经济学教学团队。

学校是基于围绕金融学科做大做强,均衡发展而做出的决定设立该系的,系部在808投资工作室、专业建设、社团育人、学生证赛等方面有创新,有成绩。特色表现在:一是以优势专业培育项目为抓手,深化专业群内涵建设;二是顺利完成招生工作,订单培养有效开拓,以投资、保险为主市场的就业岗位结构进一步合理,毕业生的就业率与满意度高;三是学生培养工作不断创新,团学活动丰富多采;四是以提升教师素质为目标,加强师资队伍建设,丰富双师队伍内涵;五是促进文化与对外宣传交流,扩大学院与系部品牌影响力。

全系共有教职员工39人,其中教授5人,副教授17人,博士5人,在读博士研究生4人,省级教学名师1人,省级专业带头人2人,入选浙江省新世纪151人才3人。各专业均构建起高水平的双师结构教学团队,有来自各大投资类、保险类和银行类金融机构30余名专家组成了多元、稳定的兼职教师队伍。专业教师具有极强的社会服务能力,多人在行业兼职,其中有1人担任金融机构独立董事。依托“808投资工作室”和“保险咨询中心”,为政府(部门)、金融企业和社会大众提供良好的技术服务和科普服务,为现代大学生提供理财通识教育服务。

该系建立完善的产学合作体制与机制,构建产学合作大平台——浙商理财学院和中国人保下沙大学城营销部,成立紧密型产学合作载体——财通投资学院和信泰保险学院,全面开展产学合作、工学结合,发展订单培养。拥有“证券投资实务”和“个人理财”等2门国家级资源共享精品课,“保险理论与实务”和“保险中介”2门省级精品课程和“经济学基础”“个人理财”等2门校本课程。建有省级示范实训基地——证券实训中心和保险综合实训基地，建有金融街·财富管理中心、理财综合实训中心、医疗保险综合实训中心、健康管理实训中心等全真校内实训基地，以及覆盖各金融行业的50余家校外实习基地。有808理财综合实训中心、理财广角、保险咨询中心等社会服务平台。本系有区域经济研究所、证券与期货研究所、保险研究所等，为地方政府、行业、企业和社会大众提供良好的技术与科普服务。与人保财险杭州分公司合作创立大学城工商银行杭州下沙支行，合作创设“理财广角”，这些校内生产性实训基地实体运行，实现学生专业教学与真实业务开拓的有机融合。

“资至达业、保善致远”，投资与保险系的系训向人们展示本系的精神：全体投资与保险系的师者与学子将自强不息、止于至善。该系着力推进社团育人，着力推进基地育人。目前成立有投资协会、保险协会、演讲与口才协会、创业投资协会、期货投资协会、理财协会、职业与技能协会等七个学生社团，每一位学生都可以根据自身的兴趣参加社团活动。另外，我系代表学校承办浙江省大学生科技竞赛项目——投资理财技能大赛。通过基地育人和社团育人，形成以理财大讲堂、理财沙龙、理财社区行、理财技能大赛、“天生我财”主题晚会等为核心活动内容的“五位一体”的实践育人体系，实现学生在实践中学习、特色化培养和个性化发展。

(三)会计系

会计系现有会计、财务管理、信用管理三个专业，其中，会计专业是国家重点专业、省级优势专业、省级特色专业，财务管理专业是省级特色专业，信用管理专业是校级特色专业。该系现有专任教师近50余名，其中教授、副教授16名，博士硕士34名，浙江省教学名师1名，省优秀党员1名，省优秀教师1名，省教坛新秀1名，省专业带头人3名，省“新世纪151人才”第二层次1名，第三层次2名，省高校优秀青年教师资助对象2名，省先进会计工作者1名，省三八红旗手1名，黄炎培优秀教师1名。双师素质教师比例在85%以上，行业兼职教师70余名，已形成由职业素质培养师、职业知识传授师、职业技能训练师构成的“三结合”育人团队。专业建设成果丰富，获国家教学成果奖一等奖1项、国家教学成果二等奖2项，浙江省教学成果一等奖2项、浙江省教学团队1项；现有国家精品资源共享课1门，国家精品课程1门，省级精品课程4门，校级精品课程7门，校级精品资源共享课4门；主编“十一五”国家级规划教材2部，“十二五”国家级规划教材10部，省重点教材4部，主编其他会计类教材30余部；与行业企业共同组建了1个产学合作实体“浙江众诚会计学院”和1个研究中心“浙江信用与会计研究中心”；现有1个社会服务窗口——“浙江财税与会计服务中心”。

会计系全日制在校生1800名左右，会计系以高素质技能型财会人才培养为目标，以”千日成长”工程为载体，深化“三双”人才培养模式改革，人才培养成效显著。毕业生双证书获取率100%，订单培养比例在45%以上，平均就业率在98%以上。学生多次荣获国家级荣誉，并在各类省级学科技能竞赛、创新创业大赛上取得佳绩。会计系鲜明的专业特色，先进的教学理念，创新的教学实践，新颖的育人模式在全国财经类高职院校中享有很高的声誉。

会计系工作管理规范、创新很多、成果丰硕、在全国高职教育界尤其是财经类、商业类院校中产生了品牌影响力。会计系这几年来，紧紧抓住人才培养这个根本任务，在教学改革、课程建设、社会服务、科学研究等方面取得了一系列成绩，各项工作走在了全校、全省乃至全国前列。特色表现在：一是品牌国内知名，业内影响力强。二是师资荣誉突出，教改成果丰硕。三是专业特色明显，人才培养理念先进。以高素质技能型财会人才培养为目标，结合学院行业背景优势与会计职业特点，以“把握财会趋势，发挥金融强势，彰显人才优势”为会计专业群的人才培养理念，深化“双素、双能、双证”的“三双”高素质技能型会计人才培养模式改革，创新实施千日成长工程。四是办学条件优越，社会服务能力强劲。五是招生广受欢迎，就业质量优势突出。会计专业和财务管理专业受到行业、社会、学生、家长的广泛认可。专业招生形势火爆，录取分数线高于“三本”投档线，考分连续多年在全省同类专业中保持第一。该系先后荣获了“浙江省创先争优先进基层党组织”“浙江省高校创先争优先进基层党组织”“浙江省高校基层党建工作示范点”“浙江省巾帼文明岗”“浙江省三育人先进集体”“浙江省五一巾帼标兵岗”等荣誉称号。

(四)经营管理系

经营管理系现有市场营销、工商企业管理、房地产经营与估价、电子商务等四个专业，其中，市场营销专业为中央财政支持专业，工商企业管理、房地产经营与估价、电子商务等专业为省级特色专业。系部还下设管理学教研室和创业指导教研室，负责全校学生的创新创业教育与自主创业项目的培育。经营管理系拥有省级示范实训基地 1 个，省财政资助实验室 5 个，实训场所教学设备较为完备，可进行市场调查、模拟公司、电子商务等多项项目的仿真训练。此外，还拥有 100 多个校外实训基地，为学生开展专业与顶岗实习提供保障。在抓好专业与课程建设、教学改革与创新、科学研究、社会服务、学生证赛、系部管理的同时，围绕学院中心工作，着力发挥在订单培养、校企合作、双导师制、创新创业教育等方面的特色和优势，专业建设有成效、系部管理有特色、执行政策很务实、内部管理很规范，各项工作都取得了很好的进展，成绩显著。特色表现在：一是开展基于“义商”人格塑造的人才培养工作；二是以电商优势专业培育项目建设为契机推进教育教学改革创新；三是探索精英教育模式、扎实推进创新创业教育与实践工作；四是不断拓宽就业渠道、创新订单培养工作；五是跟进新形势，新要求，扎实开展学生思政、党建工作；六是加强制度建设、营造和谐系部氛围。

该系师资力量雄厚，现有专任教师 39 名，其中教授 3 名、副教授 9 名，博士、硕士 36 名，在读博士 3 名，大部分教师具有丰富的相关行业从业经历。教师的科研成果丰富，参与了多项国家或省级课题研究，在各类刊物中发表众多论文。该系注重专业建设，强调实践与理论教学的相互结合，加强学生实际操作能力培养，注重课证融合，引进了多项与本专业相关的、社会已开展的职业资格考试，如：助理营销师、通用管理能力、人力资源管理员、助理物流师、房地产经纪人协理、物业管理员（师）、助理电子商务师和阿里巴巴电子商务证书等资格考试，取得了良好的成绩。现拥有“营销策划技术”1 门国家级精品课程，“中小企业融资”“房地产经纪”和“电子商务实务”等 3 门省级精品课程以及“市场营销技术”1 门教指委精品课程，具有良好的教学成效和积极影响。该系学生就业情况良好，2013 届毕业生的就业率为 98.21％，签约率为 97.76％，毕业生倍受用人单位肯定。系部设有“海纳奖学金”和“梅林奖学金”，奖励本系优秀或特长学生。

（五）国际商务系

在争取资源建设，推进教学改革创新，校企合作，推动高水平师资队伍建设、科学研究、社会服务等方面卓有成效。特色表现在：以国际商务素质、能力和实践育人质量提升为目标和落脚点，以内涵建设为重点，职业教育国际贸易专业国家教学资源库建设项目、国际贸易优势专业建设项目、国际商务专业省优势培育项目为载体，以微课大赛、金院好课堂比赛和系部育人品牌培育为抓手，深化以教学管理与学生管理协同创新机制，突出“素质育人”“实践育人”与“文化育人”，改革并实践“三维育人”人才培养模式，大力推进系部文化建设、专业内涵建设、育人工作项目化管理，在专业建设、课程建设、校会企合作、社会服务，在学生技能竞赛、社会实践、创新创业、国际化文化活动、团学干部培养等领域积极探索并取得成绩。国际商务系的发展目标是要立足学院三大专业群的发展规划，国际商务专业群要建设成为在全国具产生标志性影响力，要成为浙江省高职界商贸领域最具代表性、最高水平的团队，成为学院“5A”级专业群。

国际商务系现有招生专业 4 个，1500 余名在校学生。其中，国际贸易实务专业是教育部、财政部重点建设的国家示范专业、省优势专业，国际商务专业（跨境电子商务方向）是院级重点建设专业，商务英语专业是省级特色专业，会展策划与管理专业（国际会展方向）是中澳合作办学专业。系部下设国际贸易教研室、国际商务教研室、商务英语教研室、会展策划与管理教研室、大学外语部等 5 个教研室，并与国际交流学院合署办公。

国际商务系拥有一支实力雄厚、结构合理、业务精良、富有朝气和开拓创新精神的教师团队。全系具有副高以上职称教师 25 人，其中教授 5 名，副教授 20 名，中级职称 26 人，博士、硕士 62 人，省教学名师 1 名、省优秀教师 1 名、省先进工作者 1 名，省新世纪“151”培养人才第三层次人选 2 名，省高职（高专）专业带头人 2 名，省级教坛新秀 2 人，国家微课竞赛一等奖教师 1 名、省微课竞赛一等奖教师 2 名。国际贸易实务专业是国家教学资源库的牵头单位。同时，还聘请了 50 余位来自一线的行业专家及业务骨干参与专业课程教学。

近年来，全系教师在《国际贸易问题》《财贸经济》《中国高等教育》《中国高教研究》等各类公开刊物发表学术论文近 300 篇，出版专著 12 部，编写专业教材 32 本，主持及参与教育部人文社科课题、省哲学社会科学及行业委托等各类研究课题 40 余项。国际贸易实务专业“基于 POCIB 的“三融合”高职外贸人才培养模式的创新实践”获第六届高等教育国家级教学成果二等奖以及浙江省第六届高等教育省级教学成果一等奖。国际商务系构建了富有高职特色“课证融合”的课程体系，已有“单证操作”国家精品课程，“出口业务”“商务英语翻译”“大学英语”等5门省级共享资源开放课程，5本“十二五”规划教材、9本省级重点建设教材、4本外贸和服务贸易行业培训教材、20本项目课程教材跻身于全国、省先进行列。国际商务系已建成运行外贸单证实验室、外贸业务实训室、报关与国际货运实验室、国际会展实验室、商务英语实验室、商务英语口语实验室、8个听力实验室等多个高标准、全真化的校内实验实训场地和120多个校外实习实训基地，构建了“校会企、校区企”开放合作育人平台，为学生实训实习提供了有利条件。

国际商务系在学院“三维文化”氛围熏陶中，在“敦品励学、商达天下”的系训导引下，围绕本系学生“三大核心竞争力”培养目标，即“英语应用能力＋国际商务素质＋外经贸业务能力”，以及素能提升路径，实施学生“千日成长”工程。通过构建“学校、行业协会、园区、企业”四位一体的产学合作机制和就业工作体系，实现学生顺利就业、优质就业、对口就业。

（六）信息技术系

信息技术系成立于2000年，是以工科类专业为主的教学部门，下设计算机信息管理教研室、信息安全技术教研室、多媒体技术教研室、计算机公共基础教研室、互联网金融教研室和数学教研室。主要承担计算机信息管理专业、信息安全技术专业和计算机多媒体技术专业的教学和研究；承担学院互联网金融概论、计算机文化基础、高等数学的教学工作。全系现有教职工27人，均为硕士（含博士2人）以上，其中高级职称8人（含教授2人），中级职称17人。拥有校内实验实训室16个，其中“计算机应用与软件技术实训基地”为中央财政重点支持的国家级实训基地，已建成校外实训基地30余家，较好地满足了教师的教学与科研、学生的学习和实习需求。

信息技术系是学院以工科为主的一个系部，是学院航空型专业结构不可或缺的组成部分,其特色表现在:一是以"E路航"卓越人才培养改革为载体,推进计算机信息管理专业及专业群的内涵建设,编写并出版计算机信息管理专业职业素养读本,全面提高人才培养质量;二是以2014年5月18日正式设立浙江互联网金融研究中心和浙江金融职业学院互联网金融学院为契机,组建了一个志同力协的互联网金融教科研团队,开设了并完成"互联网金融概论"公选课程,出版一套互联网金融的系列教育丛书等;三是校企合作教学获得突破性进展、开办科澜建模订单班;四是开展了"借力云端,双导育人——基于云平台与双导制的信息技术类社团工作体系实践与研究"的育人品牌项目活动。目前,全系上下正按照"树立科学发展理念,营造和谐育人氛围,创建基层坚强堡垒,争当精业爱生先锋"的目标向前迈进。

(七)人文艺术系

学院把学生人文、艺术等素质的培养作为深化学院内涵建设、打造特色校园文化品牌的重要举措。人文艺术系承担着提升学院师生人文素养的重要职责,在学院建设和品牌发展中地位重要,在文化校园建设中作用独特。多年来,人文艺术系致力于为全体学生人文素养提高、为全院人文氛围浓厚做贡献,并使其与时代特征结合,实现人文铸就校园气质,艺术凝聚学校精神的教育价值。文秘专业把"素质教育、专业教育、生涯教育"作为人才培养的一个重要抓手,明确发展方向,完善专业结构,探索素质培养与才技培训融合的人才培养模式,在专业建设、课程建设、学生工作和社会服务等各项工作中都取得了良好进展,成效明显。学生连续多年在毕业前获得国家秘书职业资格证书,并得到杭州市人力资源与社会保障局的政府财政奖励。学生多次参加浙江省大学生汉语口语竞赛(中华经典诗文诵读大赛),分别获一、二、三等奖的好成绩和"优秀指导教师"称号,充分展现了我院学子良好的汉语口语表达能力和深厚的人文素养。

在办好文秘专业的同时，人文艺术系承担学院中华优秀传统文化教育和公共艺术教育工作。通过开展“中华经典诵读”、古代拜师礼、国学讲座、国学主题教育等活动，使优秀传统文化传承教育与校园文化建设相结合，形成了“回归传统文化 弘扬国学经典”的院级育人品牌项目，课程“传统文化与大学生道德修养”入选首届“浙江省高校德育精品选修课程”。在公共艺术教育推进过程中，成立“银星”艺术团，开展“一班、一课、一展(赛)、一社团”的书画、摄影教学模式改革，学生书法作品被泰国东方大学收藏。多次组织指导学生社团参加由浙江省教育厅、文化厅、财政厅、浙江广电集团、团省委主办的浙江省大学生艺术节，获“单项一、二、三等奖”和“优秀组织奖”等荣誉。在职业教育与艺术教育、人文素质教育的融合方面做出积极探索，2012 年学院在浙江省普通高校公共艺术教育实地督查中获优秀成绩，2014 年高职院校公共艺术教育“双融合”教学模式创新与实践获得第一届全国职业院校文化素质教育教学成果二等奖，成为高职院校人文艺术教育的先进典型。此外，志愿者服务成为人文艺术系一道亮丽的风景线。

五、“七彩金院、交相辉映”办学格局的创新发展

(一)深化“行业、校友、集团共生态办学”下的“七彩金院、交相辉映”办学格局

1. 以行业为依托

行业是指从事国民经济中同性质的生产或其他经济社会的经营单位或者个体的组织结构体系的详细划分。通过行业本身所处的发展阶段及其在国民经济中的地位，往往能够分析影响行业发展的各种因素以及判断对行业的影响力度，预测并应引导行业的未来发展趋势，判断行业投资价值，揭示行业风向，为各组织机构提供投资决策或

投资依据。学院办学坚持以服务为宗旨，深度参与起由行业主管部门牵头、教育部门保障、职业院校和行业组织、骨干企业共同参与的行业指导办学新机制。2010年起，学院担任全国金融职业教育行业指导委员会副主任委员单位，充分发挥金融职业教育行业指导委员会指导、评价和服务职业教育作用，客观分析与预测行业用人和服务需求，顺应产业发展需要，在服务行业中扩大学校影响，增强办学综合实力。

2. 以校友为纽带

校友是学校发展中最为重要的品牌力量，它是社会支持学校与学校服务社会的最佳结合点，学院重视校友资源开发利用和建设。早在1995年开始就成立了法人性质的校友总会，并在全国设立分会，按照“强化总会、优化市地、深化县域”的原则，加强各级校友会组织建设。在以校友为纽带开展社会服务实践中，学校把校友作为一种资源去积聚，作为一种力量去汇聚，作为一种文化去传承，作为一种人心去凝聚，作为一个平台去搭建，作为一个桥梁去架构，作为一个市场去开发，作为一个品牌去建设，形成了一大批校企合作社会服务共生体，校友成为与学校开展社会服务的合作伙伴，以校友的力量动员社会的广泛参与。

3. 以职教集团为载体

职业教育集团是提升职业教育吸引力、竞争力与影响力的重要载体。升格高职办学后不久，学院牵头组建浙江金融职教集团，打通学校教育系统、劳动人事系统、企业教育系统，使他们统合成为利益共同体，变原有的单边校企合作为多边、多向、集团式合作，实现信息共享和统一管理。由于其教育合作的产品具有层次的丰富性，以职教集团为载体开展社会服务满足企业对服务的多元需求，同时，通过解决单一院校或机构规模过小、实训设施不足、产学脱节等问题，降低职教集团社会服务成本。在此基础上，浙江金融职教集团逐步探索集团化办学的制度体系和运作机制。

(二)着力建设以专业群为单元的综合功能校企合作体

近年来,各地高等职业院校在国家法律法规范围内,解放思想、大胆创新,在校企合作方面进行了积极探索,取得了许多经验,尤其是国家示范性高职院校先行先试、大胆改革,更结出了许多成果。浙江金融职业学院作为国家第一批示范性高等职业院校建设单位,从 2006 年来,紧密结合自身办学特点和优势,按照“传承行业优势、服务地方经济、培养实用人才”的办学定位,坚持“就业立校、服务强校、合作兴校”办学方针,以人才培养工作为主体,全面履行高职院校三大职能,在“行业·校友·集团”共生态办学模式推进过程中,在校企合作体制机制创新方面取得了显著成果,既推进了学生就业和人才培养质量的提高,也促进了学校继续教育、岗位培训和社会服务功能的拓展,全面提升了学校的综合办学效益,具体来说:

1. 以金融专业群为主体,构建校企合作综合体

金融专业群主要为银行类、证券类金融机构培养柜面服务与客户经营类基层一线复合型人才。学院充分利用、不断拓展合作机制,与浙江省内外银行和证券类机构联合组建以订单式培养为载体的银领学院、以开展岗位培训为主体的浙江金苑培训中心、以开展应用型研究为主体的浙江地方金融发展研究中心、以应用型人才培养为重点的应用型金融人才培养研究院、以考证考级服务为重点的技能鉴定中心,这五个功能主体连同金融系(教学单位)共同组成校企合作综合体,同时履行学生订单培养、学生实习就业、银行职员培训、社会人员考证考级、校、企、政共同实施发展战略研究或应用型研究。“十一五”期间,综合体每年为金融机构输送毕业生 1000 余人,共 6000 多人,培训在职员工约 28000 人次,考证考核 12000 人次,合作开展课题研究纵向经费约

100万元，横向经费200余万；金融机构为学生奖学奖金捐款500余万元，金融专业群学生就业率98%左右，获得各类收入约2000万元，全面履行了人才培养、科学研究、社会服务三大职能，实现了学校教育与职业培训并举，全日制与非全日制并重的要求。

2. 以会计专业群为主体，构建校企合作有机体

会计专业群（会计系）是学校重要的教学单元，同时，学校充分利用各种有利条件创立了浙江众诚资信评估公司，组建了专门研究机构——浙江众诚会计与信用研究中心，在这三个组织之上，学院探索形成了校企合作有机体——众诚会计学院。由于浙江众诚资信评估公司以借款企业信用评级为主营业务，与金融机构联合开展评估，进而推进了三层次（公司、联评金融机构、参评企业）就业与合作网络的形成；众诚会计学院同时也拥有了人才培养、科学研究、社会服务三大职能。在相互合作过程中，教师教学即工作，学生学习即工作，企业合作即育人，会计系、评估公司、研究中心三方领导相互兼职，中层互任，人员互聘，成为一个合作共赢的有机体，同时又将传统的教室、实验室和工作室功能集成为的学习工场。整个有机体形成了人力、财力、资源的对流共通、综合利用，有利于学生优质就业、对口就业和顺利就业目标的实现，有利于学校双师素质、双师结构、双师团队的形成，有利于企业人力资本、经营环境、社会形象的优化，创新了财经类高等职业教育的办学体制和机制。

3. 以商贸专业群为主体，构建校企合作共生体

在我国高等职业教育中，商贸类专业占有很大的比重，这些专业毕业生就业有很大市场、创业有很大空间，而对这些学生的知识、能力、素质培养，后两者显得更为重要。针对上述情况，浙江金融职业学院商贸类专业群围绕不动产经纪、中小外贸企业开展校企合作，以培养学生创业能力为重点，把学生就业向创业发展结合起来，在与企业合作中教育培养学生，同时培养的一部分优质学生又创办新的企业，成为新的校企合作伙伴，从而实现了校企合作共生体建设的目标，使合作更有针对性、现实性和有效性。

（三）深化特色培养和学生思想政治教育

作为一所高职院校，学院立足于“职业人”和“社会人”的培养，创建了明理学院、银领学院和淑女学院，确立了学生素质培养的阶段性目标：一年级，突出人文素质和通识教育，培养金院学子；二年级，开展专业教育，培养系部学友；三年级，强化职业教育，培养行业学徒。

创建明理学院，着重于学生人文素质和人文精神的培养。明理学院成立于 2009 年 3 月，是虚实结合的二级学院，面向全校一年级学生开展明德理、明事理、明学理、明情理教育，培养人文知识厚实、能力强、素质高，具有人文精神、创新精神和实践能力的金院学子，促进学生全面和持续发展。学生的全面发展，不仅要有岗位能力的发展，还要有志趣、品德和审美的发展。明理学院在人才培育中坚持促进学生个性和潜能的发挥，实现学生德智体美协调发展。

创建银领学院，着重于学生职业素质和核心职业能力的培养。银领学院成立于 2007 年，是浙江金融职业学院以服务为宗旨、以就业为导向、面向基层一线培养高素质技能型专门人才而独立设置的二级学院。其培养对象是在完成一年级明理教育和二年级专业教育并自主选择申请接受订单培养的全日制在校学生中经由金融企业和学校共同选拔而确定的，通过学校和金融企业联合设计人才培养方案，共同实施教育，使学生成长为符合金融企业岗位需求的优质“银领”。

创建淑女学院，着重于女生才艺特长和淑女气质的培养。淑女学院成立于 2011 年 3 月 8 日，以全日制在校女生为培养对象，搭建“自主发展、个性发展、特长发展、全面发展”的女性教育平台，培养科学知识求真、道德修养扬善、艺术才情唯美的现代优秀职业淑女，培育女生的内在修养、气质形象、才情才干。

浙江金融职业学院明理学院、银领学院、淑女学院以分段和分类培养为特色，有其各自独特的素质教育指向和培养重心，又彼此呼应，相辅相成，形成了多元开放的办学平台，为学院素质教育和人才培养积淀了雄厚的实力基础。

2015 年 9 月，学校以社科部为基础，在全国高职院校率先成立马克思主义学院，坚持以马克思列宁主义、毛泽东思想和中国特色社会主义理论体系为指导，以立德树人为根本任务，全面贯彻党和国家的教育方针，承担全校学生思想政治理论课教学与研究工作。学院现为浙江省高校马克思主义理论教育研究会副理事长单位，目前建有"思想道德修养与法律基础""毛泽东思想和中国特色社会主义理论体系概论"两门省级精品课程。2016 年，我校马克思主义学院成功申报了浙江省首批中国特色社会主义理论体系研究培育基地，是 16 家单位中唯一一所高职院校。

(四)凝聚在更高品质幸福金院目标下实现创新发展

2008 年，浙江金融职业学院第一次党代会提出建设"五个金院"即活力金院、特色金院、品牌金院、和谐金院和幸福金院，其中幸福金院是最终极的目标。围绕这个目标，学院实施了相应的推进策略，取得了显著的成效。在此基础上，2013 年，学院第二次党代会提出建设"更高品质幸福金院"，可以说，两次党代会对幸福金院的认识是一脉相承的，建设是逐步深化，共建共享幸福金院，永创永续金融黄埔也逐步成为所有金院人的梦想和追求。2015 年 10 月，教育部印发《职业院校管理水平提升行动计划(2015—2018 年)》(教职成〔2015〕7 号)，提出发挥管理工作对职业教育改革发展的推动、引领和保障作用，特别是围绕学校发展、育人文化、课程教学、教师成长、内部管理等方面，结合学校实际和系院特点，不断提高职业院校管理规范化、精细化、科学化水平。同年 11 月，教育部印发《高等职业教育创新发展行动计划（2015—2018 年）》（教职成〔2015〕9 号）提出，一方面，要提升学校的资源整合、科学决策和战略规划能力，另一方面，要发挥系院在专业建设、科学研究、社会服务和学风建设等事项上的重要作用。在这个过程中，我们关注的重点不仅仅是事情的合理性，而且还有可行性和可操作性，技术路线与方法设计，以及具体的实施和目标的实现，在这个意义上得出关于幸福的见解必须是有理论基础与实践依托的。通过理论建构和实践检验，以证明“七彩金院、交相辉映”办学格局不仅在知识上严谨，而且在实践中有用，使更高品质幸福金院的建设可持续，经验可复制、可推广。

第五章

以“六业贯通”为主线的人才培养模式建设

人才培养是高等教育的首要职能，亦是高职教育的题中要义。随着经济的快速发展，全社会对人力资源综合素质的要求越来越高，传统教育体制下培养的劳动者已不能完全胜任经济发展飞速化和职业发展多样化的需要。鉴于此，《国家中长期教育改革与发展规划纲要(2010—2020)》明确提出深化人才培养体制改革，创新人才培养模式。

人才培养模式，即为实现人才培养目标而采取的指导理念、过程样式、运行方式以及管理措施，亦即围绕“培养什么样的人，怎样培养人”而确立的培养模型。职业院校的人才培养模式关系到学校的办学定位、发展方向，关系到人才规格与区域经济的有效对接，关系到人力资源的水平和质量，更直接关系到学生的就业和创业，对经济发展和社会主义现代化建设及个体幸福都有重要意义。

近年来，广大职业院校围绕人才培养模式创新，探索和实践了诸多行之有效的思路与措施，对创新职业教育人才培养模式有重要实践指导意义。作为首批国家示范性高职院校的浙江金融职业学院，根据自身发展实际和多年办学经验，切实遵循教育规律，积极迎合市场需求，将办好专业、强化职业、注重学业、重视就业、鼓励创业、成就事业有机结合起来，实行“六业贯通”的人才培养模式，取得了显著成效。

一、“六业贯通”人才培养模式的理论与现实依据

（一）理论依据

1. 人的全面发展理论

马克思认为人的全面发展就是“人以一种全面的方式，即作为一个完整的人，占有自己的全面的本质”。人的全面本质包括人的劳动本质、人的社会关系本质、人的需要本质和人的自由个性本质。因此，人的全面发展区别于人的片面发展，它是指人的身体和精神、个体性与社会性都得到普遍而充分自由的发展，包括劳动能力、才能志趣、道德品质、社会关系、自由个性等的全面发展。从历史发展进程来看，人的发展受社会分工的制约，而社会分工的程度取决于生产力的发展状况，当代生产力高度发展已对人们提出了全面发展的要求，并且提供了全面发展的可能性，而教育与生产劳动相结合是实现人的全面发展的唯一方法。

一直以来，职业教育给人们的印象都是培养会技术、懂技能的专业工人，其人才培养模式也是以能力本位为导向的，教学大纲、专业设置、课程标准也都是围绕技能达标而制定的。这种“工具主义”的人才培养模式固然培养了诸多熟练的技术技能型人才，一定程度上缓解了经济发展对劳动力的需求，但却或多或少的忽略了对学生综合素质的培养和全面发展的需要。当下，高校毕业生数量庞大，个人要想获得理想的职业进而有所发展，不仅要具备熟练的岗位技能，更应具备宽泛的素质，加上当代社会分工日趋细化，岗位标准更新加快，个人生活品质要求不断提高，“工具主义”导向的人才培养模式已不能完全适应人

才发展需要。而“六业贯通”的人才培养模式，注重六业（专业、职业、学业、就业、创业、事业）之间的协调与融合，注重知识、能力、素质的全面提高，注重对学生兴趣、需求、人际关系的培养，将学校要求、行业要求、职业要求以及个人发展要求有机的融合在一起，更有利于培养人的综合素质，促进人的全面发展。

2. 协同创新理论

现代职业教育人才培养模式的构建要坚持科学发展观并基于协同创新理论。所谓协同创新是指不同创新主体以合作各方的共同利益为基础，以资源共享或优势互补为前提，合理分工，通过创新要素有机配合，经过复杂的非线性相互作用，产生单独要素所无法实现的整体协同效应的过程。

传统发展观指导下的职业教育存在着非理性的办学观念和人才培养方式，它简单地把职业教育等同于技术技能培训，片面的将就业率作为评价职业教育是否成功的唯一指标，背离了教育的根本宗旨，忽视了学校与企业的有效联系，割裂了学科与行动体系，不利于学生综合素质的提升，导致学生踏入社会后迁移能力、继续学习能力不足。

“六业贯通”的人才培养模式强调以成就事业、终身发展为终极目标，这一目标必须基于各方要素协同创新才能实现。学校作为人才培养的首要主体，需要坚持以生为本的原则，联合企业、行业、社会机构，积极进行校企合作、开放办学、协同创新。各主体合理分工，整合共享和高效利用校内外教育资源，以学生学业的扎实完成为基础，以职业素养和能力的养成为任务，理论与实践结合，厚基础，强能力，重素质，倡创新。不但培养学生的社会适应力和岗位技能，为初次顺利就业做准备，更重视培养学生的职业迁移能力，终身学习能力，促进个体可持续发展，为学生将来在工作岗位上创造辉煌或最终实现自主创业、成就事业打下基础。

（二）现实依据

在现实层面，国家出台了一系列支持职业教育改革发展的政策文件，广大职业院校积极作为、努力实践，进行改革创新，在人才培养模式这一职业教育发展的核心问题上，做出了许多有意义的探索，使职业教育进入到了快速发展的时期。但也应看到我国职业教育起步晚，发展程度还远远落后于世界职教体系，在发展中仍然存在许多问题和不足。如：有的院校办学定位不准确，特色不鲜明，市场兴起哪个行业就马上开设相应专业，或取消冷门专业，不经过周密的市场调研，造成资源的浪费，以至于专业设置缺乏根基，人才培养缺乏连续性和持久性，这也必然导致人才培养层次不清，质量不高；有的课程设置不尽合理，理论和实践所占比重不恰当，实验实训条件较落后，不能很好的培养学生职业素养和训练学生技能；教学设计和组织不够科学，教材内容陈旧与课程标准脱节，难以吸引学生兴趣；虽然广大院校都有不同程度的注重校企合作、工学结合，但实际实施的深度和广度都不够，校企双方积极性有待加强；各院校具备双师素质的教师数量仍不够充足；针对毕业生的就业指导课程开课程度参差不齐，难以保证学生对就业有充分的认识和充足的准备；顶岗实习质量标准和评价机制缺失，等等。

这一切尚存在的现实问题都必须引起重视，人才培养是职业教育的首要使命，各院校在发展中，必须树立全面发展观念，在“六业贯通”思路的指导下，以区域经济发展和社会需求为导向，以就业、创业、成就事业为目标，以学生全面发展和可持续发展为根本宗旨深化改革，将个体本位和社会本位的培养理念相结合，完善人才培养模式。并结合全社会的力量共同参与，产学研密切合作，共享教育资源，创新教学方法，帮助学生学会学习，知行统一，自主自立，成就事业。

二、“六业贯通”人才培养模式的内涵与特征

(一)基本内涵

“六业贯通”的人才培养模式即在人的全面发展学说和协同创新理论的指导下,以办好专业、强化职业、注重学业、重视就业、鼓励创业、成就事业六个方面有机结合为基本思路来进行人才培养。它是以学生全面发展和可持续发展为根本宗旨,联合多元主体(学校、企业、社会)共同制定培养目标、培养规格、培养方式,开放共享优质教育资源,共建专业目录,共同开发课程及制定标准,组织教学内容,确定评价机制,制定全面的人才培养方案等的具有贯通性、连续性和针对性的人才培养样式。其中,注重学业是基础,离开了扎实的知识根基,其他“五业”便是无源之水;办好专业则是人才培养的前提,因为专业是实现学业完成的微观单元,关系着人才培养的规格与标准;强化职业是高等职业教育的关键所在,亦是连接学校与社会的必然要求;重视就业是办好职业教育的保证,职业教育必须以就业为导向;鼓励创业是新时期高等教育对就业工作的新要求,也是创新人才培养模式的新机制;成就事业则是职业教育人才培养的终极目标,并渗透于整个培养过程。

“六业贯通”的人才培养模式由目标体系、培养过程体系和保障机制体系三部分组成。目标体系即通过多元主体的联合与各司其职培养具有优良素质和技术、技能的专业人才,这些专业人才不仅仅对于本专业、本岗位熟练贯通,更具有对于岗位变化的快速适应能力和职业迁移能力,较高的创新能力和可持续发展能力。过程体系即通过校企合作、工学结合、顶岗实习等方式,结合产业需求,沟通培养思路,共享教育资源,联合培养人才,这样将学科体系与行动体系打通,可以使学生在校所学与企业实践相结合,促进学生进一步检验和巩固知识及技术技能的稳步养成。保障体系即学校、企业、行业三方应制定职业教

育各个不同部分的评价标准与保障措施，如学业上以知识必需、够用为最低限度，顶岗实习过程中有合格的行业指导教师规范指导，设立明确的技能要求，行业协会制定恰当的考核标准及帮扶措施等，最大限度的实现“学历＋技能”的培养要求。

（二）基本特征

1. 培养理念人本化

“六业贯通”的人才培养理念真正诠释和实践了人的全面发展和科学发展观理论，更体现了终身教育的理念。一切教育最终的目的都是为了促进人的发展，进而推动社会进步，在“六业贯通”思路下，职业教育以人为本，德能并重，以促进学生知识、能力、素质的协调发展为基础，着力于实现学生的成长成才，就业创业，成就事业，促进学生在学习化社会中可持续发展。

2. 培养目标市场化

就业是职业教育的直接目标，因此职业教育人才培养要以区域经济发展和市场需求为导向，根据市场的发展变化和潜在需求制定人才培养目标，使人才培养紧跟市场变化，符合经济发展要求。另外，职业教育的特点也决定了“六业贯通”的人才培养模式具有开放性，学校应拓宽思路，紧跟市场要求，进行开放性办学。

3. 培养主体多元化

职业教育的举办者不单单是职业学校，更需要来自企业、行业和全社会的大力参与，共同完成。现代职业教育注重对学生全方位能力的培养，将“教、学、做”融为一体，学校为学生提供必需、够用的理论知识、方法并培养学生健全的人格，企业、行业不仅为学生提供顶岗实习的机会，还参与到人才培养方案的制定，促进课程内容与职业标准，专业设置与产业需求的密切对接。

4. 培养过程实践化

最好的一种教学，牢牢记住学校教材和实验经验二者联系的必要性，使学生养成一种态度，习惯于寻找这两方面接触点和相互的关系。职业教育培养应用型人才，只有知行合一，才有望六业贯通，也只有在六业贯通思路指导下，才能将实践学习彻底化。在培养过程中，就业目标清晰、培养主体多方参与，资源开放共享，学生亲身体验，理论与实际相结合才能在实践中不断塑造能力，提高素质。

三、“六业贯通”人才培养模式的具体实践

（一）学业培养

完成学业是学生的根本任务，职业教育的学业分为学科和行动体系两大部分，想要实现学生知识、能力、素质的全面发展，必须两部分都要充分重视。既抓理论学习，又严格实际操作，二者有机结合，不可偏废其一。还应根据行业、产业发展需要积极进行学业指导，引领学生了解发展趋势，明确市场需求，以激发学生学习兴趣，促进其自主学习。为此浙江金融职业学院在学业培养上以分段和分类培养为特色，形成了多元开放的育人平台，打造了以理论教学为主的第一课堂，以社团活动为主的第二课堂，以校外社会实践、专业实习为主的第三课堂，三个课堂有机结合、互为补充，有效推进了学生的全面发展。还出台了《关于加强学生学业指导和管理的实施办法》和《学生转专业管理办法》等规定，根据学生的兴趣爱好、智力结构和能力倾向等开展针对性的辅导，充分尊重学生学习需求，帮助其完成学业。

（二）专业设置

专业的合理设置必须符合区域经济发展需要，以区域产业发展要

求为导向，积极开展社会调研，研究社会发展新情况。要考虑到专业设置与产业发展的吻合度、劳动力市场的需求以及职业教育人力资源的供给度等。在充分市场调研的基础上结合学校自身办学条件、校企合作程度，确定人才培养的层次、数量、规格等，制定具体的专业目标和培养方案，并及时邀请院校、企业、行业专家对方案进行可行性论证。专业设立后也要随时关注市场变化，及时优化教学目标和内容。浙江金融职业学院经过详细的市场调研和周密的专业论证，在专业群视域下开展专业建设，在专业目录外经教育部批准设立了农村合作金融专业，紧密结合区域经济发展培养人才，毕业生深受用人单位欢迎。

（三）校企合作

校企合作是强化职业的要求。职业教育着力于人的全面发展和职业生涯发展，这一要求决定了人才培养必须由校企相互配合，共同完成。一方面，企业要参与到人才培养方案的制定，将行业企业要求融入学校教学，要参与学校教学计划的制定、课程的设置与开发，参与梳理课程结构和组织教学内容，帮助学校建立实习实训平台。另一方面，学校也要积极探索工学结合、顶岗实习的教学模式，与企业联合办学，进行人才订单培养，共同推进产学研一体化，共建共享优质教育资源。浙江金融职业学院进行了多层次的校企合作，不断巩固“行业、校友、集团”共生态办学模式，并积极拓展与行业企业合作的订单人才培养，在实践办学中不断强化职业要求，取得了显著成效。

（四）师资建设

除充分借助社会力量联合办学，帮助学生树立职业意识和提高专业能力外，师资队伍在职业教育人才培养中有着非常重要的作用，校行企应当着力共建双师型教师培养平台，学校要健全教师进企业挂职锻炼制度，鼓励教师向双师型发展。浙江金融职业学院实施了“教师千万培养工程”，成立了教师培训学院，大力倡导教师学工履历、企业经历，提升了教师队伍的整体素质，是人才培养工作的重要支撑。

（五）就业指导

就业指导应当贯穿于职业教育的整个过程，从学生入学起，就要开始始业教育，使学生树立职业意识，增强职业信心。要把就业指导课程纳入教学计划，并选派专业的教师进行授课。教师不仅要传授学生就业的方法、技巧，更要培养学生具有崇高的理想、道德和纪律，注重能力与素质并举。浙江金融职业学院非常重视就业工作，推行“就业立校、服务强校、合作兴校”的办学方针，积极营造合作办学氛围，谋求与更多企业的合作就业。还根据市场需求和就业现状有针对性的开发了就业指导课程——明理课程，结合充分利用信息技术为学生提供个性化的职业生涯规划指导和全方位服务。“2014 年度全国高校毕业生就业工作 50 强”中浙江金融职业学院榜上有名，是浙江省唯一获此殊荣的高职院校。

（六）创业教育

促进学生顺利就业、实现创业乃至成就事业是职业教育的重要目标。学校在将就业指导纳入整个人才培养过程的同时，也要注意培养学生的创业意识，对学生进行创业教育，为学生将来能成就事业打下基础。可以根据需要开设相应创业课程进行创业指导，除传授给学生足够的理论知识和基本技能外，还要紧密关注学生的成长过程，培养学生的诚信观念、意志力、判断力以及吃苦耐劳、不怕失败的精神等创业应具备的必要条件。为此，浙江金融职业学院实施了“学生千日成长工程”，旨在帮助学生在校期间规划好成长成才轨迹，按照“一年熟练岗位、三年成为骨干、五年顺利优岗、七年实现发展、九年成就事业、一生幸福生活”的要求，积极推进就业创业教育，帮助学生实现职业理想。

同时，重视加强校友会工作，积极搭建校友平台，大力传承校友文化，并坚持注重学校品牌建设，促进校友成就事业。

四、“六业贯通”人才培养模式的保障措施

（一）发挥政府的引导作用

“六业贯通”的人才培养模式是在社会发展新形势和经济转型新要求的背景下实施的。政府应当积极发挥引导作用，以促进深化职业教育体制改革。首先，政府应当引导学校树立全面发展观、人人成才观、终身学习观以及多元人才观，使学校在这些理念指导下，科学制定培养目标、培养方案，创新教育教学方法，探索多种培养方式。其次，政府应当引导构建明确的校企合作运行机制，吸引行业企业参与人才联合培养，促进产学研密切结合，使学生在校期间就能树立职业意识，做好职业准备。再次，政府还应积极推进职校生就业创业工作，出台创业激励措施和扶持政策等。通过这些措施引领“六业贯通”人才培养的顺利实施。

（二）深化校企联合办学

校企合作在“六业贯通”人才培养中起着主导作用，企业是培养高素质职业人才必不可少的重要一极，学校应主动拓宽办学思路，扩大与企业合作的深度和广度。首先，应当进行科学的顶层设计，建立起学校和合作企业的领导责任制，明确双方在高素质职业人才培养中担任的角色和应付的职责。其次，建立学校、企业的对话协商机制，对于联合人才培养中遇到的问题，进行研讨协商，共同解决。第三，拓宽校企合作的范围，建立互利共赢机制，如企业在力所能及范围内扩大订单培养面，企业专家为学校兼职授课，学校为企业定期培训员工，选派学生进企业进行顶岗实习以及共同开展科研、互利共赢等。

(三)完善行业协会评价制度

德国的行业协会在校企合作中担当着评价者的重要角色,在促进政府、企业、学校密切联系,制定职业标准,进行职业资格认定等发面发挥了重要作用。我国职业教育要想创新人才培养模式,有效进行六业贯通,也须学习德国这一先进的办学思路,充分发挥行业协会的评价作用。各行业产业协会,应当根据区域经济发展要求,制定恰当的人才规格、层次、技能标准、职业要求、考核方案等并完善相关评价制度。各院校也应在行业产业协会统一要求下,建立相应的管理制度,如人才联合培养的责任制度、双师型教师工作的评价标准、学生考证辅导措施、就业指导实施办法、学生顶岗实习质量要求等,从制度上来保障“六业贯通”人才培养模式的构建与实施。

第六章

以金融专业群为龙头的航空型专业结构建设

专业通常是指高等学校的一个系里或中等专业学校里的学业门类。是指人类社会科学技术进步、生活生产实践中,用来描述职业生涯某一阶段、某一人群,用来谋生,长时期从事的具体业务作业规范。我国的本科高校一般以学科为建设对象,基础教育一般以课程为建设对象,而高职教育通常是以专业作为建设对象的。高职教育是直接为区域经济服务、为地方培养应用性专人才的教育形式,高职教育专业结构设置是否与当地经济结构相适应,关系到高职教育能否发挥其对社会经济的促进作用,同时关系到高职教育自身的发展和繁荣。只有主动适应国民经济结构战略性调整对高职人才的需求,适时优化专业结构,提前预测经济动态,做好人才需求预测,使高职教育专业结构与经济结构的战略性调整同步,才能满足社会经济发展的需要,培养的人才才能适销对路。

一、高职院校专业开设的情况

目前各个高职院校的专业开设通常有以下几种类型：

(一)龙头专业引领型

高职院校在发展过程中以服务为宗旨，按照社会需求开设专业，不同地域需求状况的差异使各高职院校开设专业有所不同，随着服务意识和服务深度的不断加强，各个院校专业都形成了一批与当地社会和经济发展密切相关的优势专业，再以该批专业为龙头扩大学校专业结构布局，形成独具特色的龙头专业引领型专业结构。

(二)平行专业分散型

有些高职院校专业之间联系不大，但是各专业发展较好，产生这种专业布局原因一般有两个：一是学校发展紧密结合区域不同产业建设专业，产业之间的差异性决定了专业之间具有较大差异。二是有些高职院校是多所学校合并而成，原来各学校均有自身优势专业，合并后就形成差别加大的不同优势专业平行发展情况。

(三)普适专业生存型

我国高职院校不同地域专业设置差别很大，其中小部分高职院校开设的专业考生及家长认可度不高，所以在学校的专业结构布局中尽可能的增加社会普遍认可的专业，再配备相应的师资，如会计、市场营销等财经类专业。这类专业市场认可度高，如果没有建设基础很难说这些专业是学校的优势专业，但是这些专业利于学校招生和稳定学校规模，是学校得以生存的保障。

二、高职院校专业开设存在的问题

(一)专业分散且数量较多

有些高职院校专业设置较为分散,数量众多,有的学校专业达到80余个,跨的专业门类较多,专业之间差别较大,带来的直接后果是学校教学资源过于分散,单薄的教学资源在专业发展的保障上捉襟见肘。产生的原因有高职院校发展过程中,不同学校合并的因素,也有院校定位不明确,专业设置较为随意的原因。

(二)专业结构与区域产业结构和人才需求结构不太适应

高职教育与本科教育的主要区别在于,本科重在学科建设,从学科角度考虑人才培养,而高职教育重在专业建设,专业与学科的最大不同在于专业面向社会、面向行业、面向企业的人才需求,当前高职教育中存在的专业就业相关度就是衡量高职院校培养人才对口率,培养人才是否为社会需要,专业就业相关度不高,说明人才培养的定位和实际市场需要有一定距离,也就是专业结构与产业结构人才需求对应度不高,需要进一步调整专业结构与产业结构的对应性,培养社会需要的技术技能人才。

(三)专业结构中特色专业较少

专业集中度能够反映一个学校专业特色,专业集中度是指一个学校同一专业设置的多少,设置越多专业越分散,专业集中度就越低,特色就不明显,例如有些高职院校会计类专业甚至多达6—8个。设置越少专业集中度越高,说明一个学校的专业特色越明显。目前较多高职院校存在的问题就是专业重复率高,专业特色不明显。

三、高职院校专业设置的影响因素

(一)产业结构是专业设置的基础

高等职业教育的专业结构与社会经济发展的产业结构是密不可分的,以服务为宗旨,以就业为导向就是要求专业服务地方经济发展,只有与产业结构的有效对应,才能真正实现服务宗旨。与产业人才需求的有效对接,才能实现以就业为导向的培养方向。产业结构的变化决定了专业结构的改革,专业结构的改革又进一步促进了产业结构的优化。

(二)复合型人才的需求和培养增加了复合型专业设置的需求

随着知识集约型产业的大量增加,现代社会要求高校所培养的人具有独立分析、解决复杂问题的能力,越来越多的职业对从业人员知识与能力复合程度要求提高,所以专业的复合度越来越高,如传统的会计专业群中,增加了会计信息管理专业。传统的金融专业群中,增加了互联网金融专业等等。高等学校内部专业设置上已经开始强调课程的综合化,淡化专业界限,越来越多的专业将人文科学、社会科学、自然科学有机结合,推动边缘学科和交叉学科的有机融合,以及跨专业的研究和探索,对目前市场上所需要的复合型人才的培养大有裨益。

(三)专业设置应凸显职业化特征

高等职业教育的与众不同体现在培养的技术技能型人才,对职业技能和职业精神要求较高,所以专业根据职业化需求建立课程体系过程中,应该设置体现职业化特征的课程来实现这一要求,比如职业礼仪、职业素养的要求,工匠精神的养成等,包括创新精神和创业意识的培养也成为职业教育的重要组成部分。

（四）专业设置应考虑自身专业建设底蕴

适应市场经济需要开设专业是对所有高职院校开设专业的一般性要求，但是开设专业还要考虑学校的自身实际情况，每个学校师资队伍、实验实训环境、原有专业积累、社会外部联系等等都是学校专业设置需要考虑的因素，每个学校从创建到发展，都有其自身特定的历史和环境，所具有的硬件环境、软件环境和外部环境差别也很大，这些是专业结构构建过程中需要考虑的，一个学校内部的影响因素。

（五）专业设置应考虑凝练个性化特色

在高等教育大众化的进程中，高等职业教育面临的核心问题是专业吸引力不足，在注重专业质量建设的同时，考虑专业个性化发展，凝练专业特色至关重要，专业具有特色需要专业建设成果在某一个或几个方面方面达到较高水平，在同类专业中做到人无我有或人有我精，差异化后的优质化是专业特色的具体体现，所以专业设置过程中，既要考虑外部宏观因素，也要考虑自身的建设基础的同时，更要明确专业建设方向、建设重点。具备特色鲜明的专业特色的可以增加专业方向，突出专业的具体培养方向，特色鲜明的专业必然在高校竞争中占有优势。

（六）专业设置应具有时代特色

“互联网＋”是时代背景，随着互联网技术日益广泛地应用到社会经济诸领域中，其影响已不是单纯的信息技术进步，已经成为推动企业发展、区域经济增长乃至国家经济发展的重要动力。2015 年国务院印发《关于积极推进“互联网＋”行动的指导意见》，明确指出要把互联网的创新成果与经济社会各领域进行深度融合，将互联网的创新成果深度融合于经济、社会各领域之中，提升全社会的创新力和生产力，形成更广泛的以互联网为基础设施和实现工具的经济发展新形态。为了使学院各专业和课程有效适应互联网对产业带来的影响，更好的培养与时俱进的技术技能人才，应以互联网思维对专业设置和建设进行研究。应深入产业行业进行调研，准确把握互联网对产业行业影响，尤其是工作岗位的变化，以及岗位职责和岗位工作流程的改变。通过召开专业建设指导委员会，与行业企业专家共同讨论调研结果，征求专业建设意见，得到互联网对产业行业的具体影响，分析专业变化，着眼于时代背景研究专业结构建设，通过设置互联网与传统行业相融合的专业或专业方向，充分反映时代特征，满足社会对技术技能型人才的需求。

四、浙江金融职业学院的龙头引领型专业结构建设实践

浙江金融职业学院的前身是原中国人民银行所属的国家级重点中专浙江银行学校，2000年在国家教育体制调整过程中升格为高等职业院校。在专业布局中学校既适应了浙江省推进高等教育大众化的需要，也满足了浙江省金融产业和相关行业对金融技术技能型专门人才的要求，作为原行属国家级重点中专，其人才培养以面向行业为绝对主体，并根据行业对口设置专业，管理体制调整和升格办学后，学校提出“办学升格、管理升级、面向优化”的思路，确立了“立足大金融、面向大市场，适应大发展”的办学理念，逐步形成了传承金融文化、开拓金融创新、服务地方经济培养实用人才的办学定位，并形成了特色鲜明、人民满意、师生幸福的办学宗旨，就业立校、服务强校、合作兴校的发展方针，构建“一主两辅多点”的办学格局，以及“行业、校友、集团共生态”的开放办学模式，在专业结构布局上，采取了明确方向、逐渐推进，注重内涵，不断优化的方法，逐步形成以金融为龙头的航空型专业结构，即

金融类专业群为龙头、财会商贸类专业群为主体、信息技术类专业群及文化创意类专业群协调发展的航空型专业结构体系。

(一)保持金融类专业的龙头引领地位

1. 发挥原有金融类优势专业的标杆作用

浙江是全国金融改革创新的前沿要地,金融业规模增长迅速,金融行业竞争力日益增强,金融机构体系形成了自己的品牌特色。2015年7月,浙江省委、省政府提出要构建五大金融产业、四大金融平台、三大区域金融布局的"大金融"产业格局,计划把金融产业打造为万亿级现代产业,进一步推进金融产业实力强和金融服务实体经济能力强的"金融强省"建设。浙江金融职业学院作为原来人民银行总行所属学校,一直面向金融产业办学,自然而然金融类专业是学校底蕴和实力最为深厚的专业,适应省域经济发展需要,学校在金融管理、国际金融、农村金融、投资与理财、保险等五个大金融类专业上持续优化和建设,2011年成功申报金融专业国家教学资源库建设项目后,作为项目主持单位学校更是全方位加大专业、课程和资源建设力度,项目顺利验收,金融专业从最初的做大、做强、做实,到现在已经做优、做精、做名,在学校继续发挥龙头专业引领作用的同时,在全国高职院校的同类专业中也具有领先示范效应。

2. 适应金融产业创新发展开设互联网金融专业

互联网金融的快速发展对传统金融业带来巨大影响,2014年互联网金融首度被写入政府工作报告,互联网金融进入决策层视野,标志互联网金融正式进入中国经济金融发展序列,并得到名正言顺的市场定位和经济地位。政府工作报告中明确指出,促进互联网金融健康发展,让互联网金融成为一池活水服务"三农",服务中小企业。互联网金融为中小企业成长持续提供金融服务,国家支持互联网金融发展的大趋势已经形成，互联网金融是未来金融发展方向，也是未来金融业的制高点。浙江省规划到2020年，杭州要力争规划和建设一批具有全国影响力的互联网金融集聚区，构建和运作一批具有全国辐射力的互联网金融交易服务平台，培育和发展一批具有全国竞争力的互联网金融企业，开发和推广一批全国市场占有率高的互联网金融创新产品，基本建成全国互联网金融创新中心。浙江金融职业学院依托传统金融行业人才培养和金融研究的优势，紧跟"互联网+"时代背景下互联网金融的发展，2015年与中国计量大学联合开办金融工程(互联网金融方向)四年制专业，培养互联网金融本科应用型人才。2016年又新增互联网金融专业专科专业，培养新金融需求的技术技能型互联网金融人才。

(二)巩固财会商贸类专业群主体地位

1.提升会计类专业群强势地位

会计专业是高职教育的普适专业，开设的学校很多，浙江金融职业学院会计专业群包括会计、财务管理、信用管理三个专业，基于原来面向金融行业办学，会计专业群金融特色明显，既面向金融业，同时也面向工、商、服务企业培养会计人才，建立具有自身特色的"双素、双能、双证"为核心的"三双"人才培养模式，强调财会领域与金融领域双重职业素养、双重职业技能的培养，突出"双证书"对人才培养效果的验证与评价。近年来，会计专业适应"互联网+"变化，不断调整课程体系和课程内容，为进一步适应管理会计的应用与发展，为推动产业转型升级服务，提高会计信息质量和水平，会计专业群未来拟开设会计信息管理专业。

2.依托国家政策导向做优国际商贸类专业

(1)依托国家专业教学资源库建设确立国际贸易实务专业优势

地位。

依托浙江对外贸易的快速发展，学院逐步加大国际贸易实务专业的建设力度，在成功立项省级优势专业后，学校作为主持单位又成功立项国家专业教学资源库项目，专业根据外贸形势最新变化及外贸行业最新发展趋势，与行业协会和知名企业合作修订外贸业务员岗位职业标准、开发外贸单证员和外贸跟单员两个岗位职业标准，明确对应岗位职业素质、职业能力和专业知识要求，填补国内这一领域的空白，为全国高职院校外贸人才培养和外贸岗位培训，明确了专业人才培养规格，国际贸易实务专业在国内同类专业中具有较大优势，具有一定的示范作用。

（2）依托国家政策导向在国际商务专业开设跨境电子商务方向。

2014 年上半年中国跨境电子商务交易总额在 3 万亿元左右，其中跨境零售约 3000 亿元。商务部公布的全球贸易格局报告中预测，2016 年中国跨境电商进出口额将增长至 6.5 万亿元，年增速超过 30%。在中国外贸增速持续放缓的大背景下，跨境电子商务作为一种新型的国际贸易发展方式，已逐渐成为新常态下稳外贸增长、促经济发展的新动力、新引擎。2015 年 3 月 7 日，国务院设立中国（杭州）跨境电子商务综合试验区，作为全国第一个跨境电子商务综合试验区为杭州跨境电商发展带来了新机遇。学院依托国家政策导向，适应杭州跨境电子商务的快速发展，在国际商务专业开设跨境电子商务方向，培养跨境电商人才。

3. 适应区域经济发展做强国内商贸类专业

适应浙江省经济发展新常态，大力推进电子商务政策、模式、管理和服务创新，建立开放、规范、诚信、安全电子商务发展环境思路，按照到 2020 年全省基本建成完整的电子商务产业体系，实现电子商务交易额超过 4 万亿元，确保浙江电子商务“走在前列”，发挥先行和示范作用的目标，学院进一步做强国内商贸类专业，重点建设电子商务、市场营销、工商企业管理、房地产经营与管理等专业，尤其电子商务专业，做大做强，逐步提高专业人才培养质量。

（三）实现信息技术类专业群及文化创意类专业群协调发展

信息技术类专业群目前包括计算机信息管理、数字媒体应用技术和计算机信息安全技术专业，文化创意类专业群有文秘专业，这两个专业群的发展既源于外部社会对人才的需求，也源于学校内部相应师资力量和实验实训条件的建设。其他相关专业的教学需要计算机类课程教学，也需要思政类必修课程、人文素养类、通识类必修课程和公共选修课程的开设，所以学校具备发展两类专业群的办学基础。为了使两类专业群进一步融入相应产业发展，对两类专业群专业进一步协调发展，与区域经济紧密结合。

1. 以规划促发展培育云计算、移动应用等未来专业增长点

信息产业与金融产业一样，也是浙江省七大万亿产业之一，是未来浙江省经济发展的重要引擎之一，《浙江省信息经济发展规划2014—2020》把信息产业发展划分为培育发展期和创新突破期，预计主营业务收入超过 3 万亿元，拥有一批具有自主知识产权的关键核心技术。如云计算方面，以公有云为核心带动私有云、行业云的建设与应用，培育云计算技术产业联盟和一批云工程云服务企业，产业发展和整体应用水平居国内前列，形成特色鲜明、优势突出的云计算产业集聚区，成为全国云计算应用先行区和云计算技术创新区。大数据方面，建成 2—3 个国内领先的大数据营运中心，形成一批大数据龙头骨干企业，大数据技术、产业和应用成效突出，在智能交通大数据、低空空域管理大数据产业化等方面取得突破，建成全国领先的大数据应用服务示范基地。依托信息产业发展，在计算机信息管理、数字媒体应用技术专

业基础上，计划逐步增加开设云计算技术与应用，移动应用开发等专业，加大专业产教融合深度，培养社会所需人才。

2. 以文化创意产业需求为动力开设动漫设计、游戏设计专业

浙江省文化创意产业分为产业设计、信息软件、建筑景观、文化传媒、咨询策划、创意农业6个大类，省委、省政府高度重视发展文化创意产业，将文化创意产业培育成新的经济增长点和支柱产业纳入发展战略，先后出台《关于建设文化大省若干文化经济政策的意见》《浙江省推动文化大发展大繁荣纲要（2008—2012）》等一系列支持文化创意产业发展的政策，经过近几年发展，形成了软件、动漫、广告、设计、传媒等优势行业，逐步形成依托城市、集聚发展的空间布局态势，涌现出众多具有鲜明地域特色的文化创意产业集聚区。在打造全国领先的以动漫游戏为特色的数字娱乐基地成效显著，顺应互联宽带网络、多媒体终端等技术发展趋势，以杭州“动漫之都”建设、宁波国家级动漫原创基地建设为重点，带动全省动漫业的发展，着力开发动漫游戏作品。学校依托文化创意产业发展，在原文秘专业基础上，拟增加开设动漫设计、游戏设计等专业，培养文化创意产业需要的人才。

五、专业建设带来的办学成效

经过十五年的建设，以龙头引领型专业结构已基本完善，并产生了积极的办学效应。一是学校声誉逐年提高。作为国家首批28所国家示范性高职院校之一，学校社会声誉良好，社会满意度高，受到考生和家长的青睐，考生录取分数线连年雄踞全省前列，会计等很多专业更是连续多年来最低投档分数线保持全省第一，学校当选为全国高等职业技术教育研究会会长单位，进一步发挥示范作用，扩大了学院影响。二是内涵建设不断加强。以专业建设为基础，与德清县政府、多家金融机构创办混合所有制德清学院，培养金融服务外包人才。引企入校建设浙商银行客户服务中心，金融、会计等多个专业大规模实施工学交替教学模式。深化订单人才培养，强化素质教育，重视实践育人和文化育人。三是人才培养质量持续提升。毕业生深受用人单位欢迎，毕业生就业率达到98％以上，毕业生对母校的总体满意度为97％。学生对母校满意率和推荐率均高于全国百所示范校平均水平，处于全国领先地位。学校各项工作良好有序开展，建设更高品质幸福金院，全力打造最具魅力高职院校全面深入开展，可持续发展局面已经形成。

第七章

以“千日成长”工程为载体的育人机制建设

作为一所高等职业院校，浙江金融职业学院以学生“千日成长”工程为载体，坚持“立德树人”，树立人人成才观念和多样化人才观念，面向全体学生，鼓励个性发展，在学生思想政治工作联席会、学生工作委员会、学生思想政治工作研究会“三位一体”学生思想政治工作体系建设的顶层设计下，构建实施立体化的育人体系，培养了一大批“懂做人、精专业、能做事”的优秀金院学子，他们“行业操守好、岗位适应快、动手能力强”深受用人单位欢迎。

一、顶层设计，以立德树人为根本

（一）学生思想政治工作联席会：立德树人把方向

为了保证和促进学生思想政治工作的深入开展，不断创新完善工作机制，我院成立了由党委书记任组长的学生思想政治工作联席会，注重学生思政工作的顶层设计，把握育人方向，突出政策保障，进一步加强了学生思想政治工作。

1. 做好顶层设计,形成立德树人机制

我院以立德树人为根本,注重学生思想政治工作的顶层设计,创新工作载体,出台政策措施,形成工作机制。如学院党委、行政出台了《关于进一步推进全员育人、全过程育人、全方位育人的若干意见》《关于进一步完善班主任、辅导员工作机制的实施意见》《关于班级工作班主任责任制的实施意见》《学生千日成长工程实施方案》《关于进一步深化学生”千日成长”工程,完善立体化育人体系的实施意见》等文件,加强了制度建设;开辟专门的社团活动场所及学生干部办公场所,确保了学生第二课堂文化活动的有序开展;在校内科研立项上,为学生思想政治教育的管理者和教师增设了学生思政课题。

2. 抓好意识形态,掌握立德树人主导

党的十八大以来,习近平总书记对做好意识形态工作提出了一系列新思想、新观点、新论断,强调“意识形态工作是党的一项极端重要的工作”。习近平总书记的讲话为加强和改进新形势下意识形态工作提供了基本遵循和指导方向。意识形态工作作为党的一项极端重要的工作,学院党委将抓好意识形态工作作为党员干部的应有之责、应负之责、应尽之责。学院通过学生思想政治工作联席会整合多方资源,通过抓队伍、抓课堂、抓网络、抓阵地等措施,通过定期调研、理论引导、文化熏陶、实践感知、思想动态研判等途径,做好新闻舆论、文化文艺、网络新媒体等工作,积极开展马克思主义宗教观教育,抓实学生意识形态工作,牢牢掌握了立德树人的主导权。

(二)学生工作委员会:夯实基础抓落实

学生工作委员会由主管学生工作的校领导牵头,有效整合教学、管理、服务等资源,定期召开会议,促进了学生工作的科学民主管理。

1. 加强队伍建设,提高思想政治工作质量

工作中,我院通过众多基于工作的比赛、培训、研讨活动,提升了学生工作队伍的能力和素质:辅导员职业技能大赛和总支书记“说系情”、辅导员“说学情”、班主任“说班情”活动,进一步提升了辅导员、班主任的职业技能和职业素质;学生成长笔记暨“千日成长”工程记实大赛和班主任、辅导员育人文章、工作案例征集评比活动,促进了班主任、辅导员工作交流;学工战线趣味运动会,增强了我院学生工作队伍的凝聚力,提升了学生工作战线教师的体能素质;班级工作班主任责任制和辅导员素质提升计划,进一步加强了学生工作队伍建设。

2. 加强工作协调,形成思想政治工作合力

我院通过每月一次的学生工作委员会(遇重大事件临时召集),集中商讨学生工作重大问题,研究解决学生工作的难题。主要包括:统筹协调相关职能部门为学生工作提供支持和帮助,研究学生工作的改革与创新,研究学生权益维护与发展相关事宜,研究教书育人、管理育人、服务育人工作,研究学生自我教育、自我管理、自我服务能力建设等工作,形成了学生思想政治工作的合力。

(三)学生思想政治工作研究会:科学研究提层次

学生思想政治工作研究会的会员包括直接从事学生工作的一线学生工作教师以及从事学生思想政治教育研究和管理服务工作的教师。研究会坚持每学年召开会员大会,集思广益,研究学生思想政治教育工作中遇到的重点和难点问题,探索学生思想政治教育工作新途径。

1. 学情研究,有的放矢开展思想政治工作

一直以来,学院要求教师做到因材施教,因需施教,促进老师和管理干部走进学生、了解学生,在师生零距离的关系中为学生成长成才提供服务。学生思想政治工作研究会注重基于学情的工作研究,通过课题立项、年会论文征集、学术沙龙、班主任论坛等工作,引导会员有的放矢开展学生的思政工作。2013 年,学院在全校范围内开展了基于学生需求的育人工作研讨和实践,组织开展基于学情研究的学生工作会议,专题研讨了我院学生的特点、需求以及基于学生需求的教育引导工作,推动了学情研究。此外,学院每年都会对在校生开展不少于四次的思想动态及学情调研,并形成调研报告,加强了学生思想政治工作的针对性。

2. 理论研究,明确方向提升思想政治工作

学生思想政治工作研究会会员每年都会围绕学习型党组织建设、学习型学生工作队伍建设、党员教育管理、校园文化建设、学生教育管理、文明教室、文明寝室建设等方面开展广泛深入的理论研究。近年来,学院学生党建与思想政治工作的一些创新思路来源于课题研究启发,一些创新工作举措来自于理论研究成果。据不完全统计,仅 2014 年、2015 年,学生思想政治工作研究会会员就公开发表了 20 多篇论文,立项厅级及以上课题 5 项,在立项院级及相关学会专项课题 20 项,获得金融教指委教学成果奖一等奖 1 项,全国高校学生工作优秀学术成果一二等奖各 1 项,结题 2 项省哲社规划思政专项研究课题,结题 2 项厅级课题,出版专著 4 本、论文集 2 本,完成专著草稿 1 本。

二、创新载体,助推学生千日成长

在“三位一体”高职学生思想政治工作体系建设的顶层设计下,我院创新育人理念,创新工作载体,实施学生“千日成长”工程,开展立德树人工作。

(一)学生“千日成长”工程的基本内涵

1. 学生“千日成长”工程的由来

2009年底,我院以优秀的成绩通过“国家示范性高等职业院校建设项目”验收。为了巩固示范院校建设成果,推动学院由示范走向卓越,2010年初,我院进一步明确了内涵建设干在实处、创新发展走在前列,全力打造特色鲜明、人民满意、师生幸福、国内一流、国际知名的高职院校的办学目标。为实现这一目标,学院实施了“985”工程,提出并实施了“三千”工程,即校企合作“千花盛开”工程,教师“千万培养”工程,学生“千日成长”工程。

2. 学生“千日成长”工程的理论依据

社会心理学理论认为,大学生成长是由一个多种要素共同组成的过程,这些要素在不同的发展阶段所处地位的重要程度不同,对于大学生成长的促进作用也各有不同,因此,大学生成长规律既是各个成长要素的发展规律的统一,又是不同阶段规律的统一。如,埃里克森的生命周期理论,奇克林的变量理论。认知结构理论认为,环境所划分的成长阶段与学生年龄虽不直接相关,但个体对环境的认知及矛盾有助于个体发展及成长。如,皮亚杰的认知心理学。人与环境互动论描述了环境与学生之间的关系,强调校园环境对学生成长的影响和作用。指出学校需要尽可能创造多样的条件帮助学生成长,为不同类型学生设计各种不同的发展规划,积极营造适合学生发展的物质环境和精神环境,确立科学合理的学生发展效果评估机制和工具。同时,学生也需要主动寻找自身健康成长的机会,参与群体的学习和发展过程。如,阿斯汀(Astin)的大学影像模式,丁托(Tinto)的辍学理论。

3. 学生“千日成长”工程的含义

学生“千日成长”工程,是一项贯彻“三全育人”理念,体现“三全育人”机制的系统工程。全员育人，该工程既注重校内师资队伍建设和管理队伍建设，又注重校外兼职教师建设；全过程育人，该工程科学设计学生在校 1000 天时间，贯穿学生入学至毕业的全过程；全方位育人，该工程既有机协调一、二、三课堂，创新载体做好明理学院、银领学院、淑女学院各具特色的育人工作，又注重诚信文化、金融文化、校友文化育人，初步形成了多维度、立体式融会贯通的素质教育体系。学生“千日成长”工程，以提高人才培养质量为目的，以“行业、校友、集团共生态”办学模式改革为统领，以“品德优化，专业深化，能力强化，仪表美化”为内容，统筹规划学生成长成才途径，切实加强学生的文化知识学习和思想品德修养，不断提高学生的创新思维和社会实践能力，注重学生的全面发展和个性发展，通过创新机制和载体，将学生培养成为既能面向基层一线，又有一定可持续发展能力的高素质应用型人才。

（二）“千日成长”工程的设计理念

1. 坚持以社会主义核心价值观统领学生“千日成长”工程

思想政治素质是学生的核心素质，坚持以社会主义核心价值观统领学生“千日成长”工程，是高校政治意识、政权意识、阵地意识的直接体现。学生“千日成长”工程以国家层面的价值目标——富强、民主、文明、和谐，社会层面的价值取向——自由、平等、公正、法治，公民个人层面的价值准则——爱国、敬业、诚信、友善为指导，并以教育活动为载体，将核心价值观融入校园文化活动中，在活动中加强核心价值观的教育引导工作。

2. 巩固“以生为本”理念，形成爱生文化

学生的健康成长、成功就业、优质成才，是学院工作的出发点和落脚点。2000 年，学院提出并构建了以“关爱学生进步、关注学生困难、关心学生就业”为主要内容的“三关”服务体系；2008 年，学院将 5 月 23

日确定为“爱生节”，谐音为“吾爱生”；2010 年，学院提出并将“有利于学生健康成长，有利于学生素质提升，有利于学生就业创业，有利于学生可持续发展”作为检验育人工作得失成败的衡量标准，促进了人才培养质量的提高；2011 年，将 11 月 23 日确定为深化“爱生节”活动日，寓意为爱生为本，爱生为办学的第一理念。每年“爱生节”我院均举办订单班招聘会，每年深化“爱生节”活动日，我院均举办毕业生供需见面洽谈会，并且在 5 月 23 日、11 月 23 日开展由全体领导、教师参加的与学生“零距离交流”活动。活动分年级进行，每年视情况确定各年级的主题。深化学生、“千日成长”工程，完善立体化育人体系的关键在于用真心、真情真抓真干，在于进一步落实“以生为本”理念，巩固形成具有金院烙印和特色的爱生文化。

(三)“千日成长”工程的工作平台

学院根据不同学生年级特点，分层分类搭建工作平台，积极实施学生“千日成长”工程。一年级学生，以“明理学院”为平台，以培养“金院学子”为阶段目标，突出学生学业生涯规划，面向全院学生开展明法理、明德理、明事理、明学理、明情理教育，增强学生的感恩意识和责任意识；二年级学生，以所在系的专业教育为平台，以培养“系部学友”为阶段目标，体现育人的职业性和开放性，突出学生的职业能力和学生职业生涯设计，提高学生的职业技能；三年级学生，以“银领学院”为平台，以培养“行业学徒”为阶段目标，注重学生实践能力、创业意识的培养，提高学生的就业能力和创业能力。全体女生，结合“淑女学院”这一平台，以培育内在修养、气质形象、才情才干为重点，通过“内修”“外塑”“才技”模块，使全院女生在掌握必需的专业知识与技能的同时，能够正确认识和把握自身角色，成长为现代职业女性。

(四)“千日成长”工程的课外育人载体

根据已有的育人平台和人才培养质量提升的要求，结合学院特点，我们设计了“123456”课外育人载体。

1 即一条主线：以学生职业素质提升为主线，以“品德优化、专业深化、能力强化、仪表美化”为模块，开展学生职业素质提升工程，通过系列活动，着力提升学生的职业素质。

2 即两个抓手：将学生党建和思想政治教育活动作为学生教育引导和素质提升的载体和抓手。学生党建：宣传党的基础知识和基本理论，构建党员发展质量保障体系，优化学生党员发展机制和流程，突出政治表现，严格发展程序和纪律，坚持标准，提高学生党员发展的质量。同时，以“创先争优”活动、党员“示范工程”、党员“十大成才先锋”评选为抓手，进一步加强学生党员的后继教育，不断提升学生党员的素质和能力，以优良的党风凝聚青年学生、带动学风。学生思想政治教育：提高学生思想政治素质，坚定学生的理想信念是“千日成长”工程的首要任务。我们将理想信念教育浸润到各类校园文化活动之中。一是以主题演讲、征文等形式深入开展“中国梦”主题教育活动；二是举办党史知识竞赛，组织开展“重温入党誓词，引领千日成长”、寻找“最美金院人”“最美金院事”等活动，在广大学生中积极开展社会主义核心价值观教育；三是做好学生思想动态调研工作，增强工作的针对性和时效性；四是组织优秀团学骨干、校外奖学金获奖学生开展红色之旅，让学生接受红色教育和熏陶。

3 即三维文化：坚持并创新“诚信文化、金融文化、校友文化”为内容的三维文化育人体系建设，坚持以文化人、以德润心。

4 即四类竞赛：举办文艺体育类竞赛、专业学科类竞赛、职业技能类竞赛、创新创业类竞赛，通过竞赛进一步提升学生的竞争能力和创新能力。

5即五百个榜样：重点培养和培育百名理论骨干、百名学习标兵、百名学生骨干、百名技能尖子、百名文体之星，树立了学生身边可亲可学的榜样。

6即六个千万活动：通过开展覆盖全体学生的具有金院特点的“六个千万活动”活动，有效地提升了学生说、写、做的能力，锻炼了学生的理性思维及政治敏感度，提升了学生的综合素质。

“千名学生写万封书信”：以“我的大学生活”“母校我要对你说”等为题目，每学期设计一主题，以撰写书信的形式，进一步增强学生对环境的适应力、书面表达能力和思考力。

“千名学生评万象风云”：以课前三分钟演讲、“道德范畴解读”“新闻速递与时事点评”、班级主题讨论会、团支部演讲活动等为内容，锻炼学生的语言表达能力、信息筛选能力、组织架构能力、团队协作能力、提炼总结概括能力、胆量和信心等。

“千名学生读万卷书”：通过组织读书节、读书漂流评、读书征文，动员各处室系部、明理学院、银领学院分年级、分专业推荐书目等活动，引导学生多读书，读好书。如，国际商务系组建读书小组，开展读一篇英国名著、看一部英文优秀影片、写一篇英文书评活动，将读书与专业结合，让同学们既读好书，又提升专业知识。

“千名学生行万里路”：社会实践工作是加强和改进大学生思想政治教育、促进大学生成才的重要途径。通过引导大学生深入社会、了解社会、服务社会，提高大学生实践能力、适应能力和创业能力，促进大学生健康成长。

“千名学生传万句箴言”：箴言短小精悍，寓意丰富，蕴含无穷人生智慧，你传给我一句，我传给你一句，通过手机短信、微信传箴言，既增进彼此联系，又交换智慧。

“千名学生访万名校友”：“访校友，学干事，学做人”，结合学生寒暑假的社会实践、顶岗实习、校友返校日等机会，组织学生开展访校友活动。通过走访校友，为校友带去母校建设发展的消息，征求校友对母校发展的意见，记录校友对母校的情怀与建议。同时通过校友的接待访谈，力所能及地帮助在校生认识社会、缩小从学校走向社会的距离，作好新老校友的传帮带工作，进一步加强了新老校友之间的沟通和交流，增进了新老校友的联系。

（五）“千日成长”工程的育人环境建设

在学生“千日成长”工程推进过程中，我院多方联动，精心布局，加强了有利于学生成长成才的环境建设。一是维护校园安全稳定。“稳定是第一要务，平安是第一责任”。学生的安全稳定是党和政府的要求，是家长和社会的期望，是学校发展的基石，是学生成长成才的根本保障。我们按照重教育、重防范，抓重点、抓难点，出实招、见实效的思路，以“平安校园”建设为抓手，在进一步落实安全稳定工作责任制上下功夫，在预防化解校园突出矛盾上下功夫，在提高校园治安防控整体水平上下功夫，筑牢了安全稳定之墙，做好校园安全稳定工作。二是学院构建发展服务型学生心理健康工作体系。注重诊疗型咨询与预防型教育相结合，适应型教育与成才型辅导相结合，心理咨询与结合德育的整体素质提升相结合，进一步加强了学生的心理健康教育。三是构建并形成发展服务型的学生资助体系。以经济资助为保障，以教育活动为载体，以帮助经济困难学生成长成才为目标，构建并形成发展服务型的学生资助体系，做到确保不让一个学生因家庭经济困难而失学，不让一个学生因家庭经济困难而吃不饱饭，为家庭经济困难学生增加一次就业能力提升的培训机会，为家庭经济困难学生提供更多的素质提升平台，使家庭经济困难的学生在校期间一样具有大学出彩的机会。四是做好大学生生活指导和文明寝室建设工作。构建了“一套制度、两片社区、三个主题、四季风情、五线交织、六大平台”立体化公寓学生工作体系，得到了主管部门及省内兄弟院校的一致好评，2015 年

10月,浙江省高职院校公寓学生工作体系建设现场推进会在我院顺利召开。诸多举措,进一步优化了育人环境,保障了各项育人工作的顺利有序开展。

(六)“千日成长”工程的保障支撑

1. 成长专项经费,促进“千日成长”

为保障学生健康成长,有效推进学生“千日成长”工程。自2013年以来,在各项常规经费随学生人数增加而增长的同时,学院每年投入100万元专项经费用于学生工作。在计划财务处的支持下,学生工作部会同各系开展了学生工作品牌项目建设,有力辅证了学生“千日成长”工程,积极促进了学生“千日成长”。

2. 素质养成学分,推进素质养成

为更好地推进学生素质提升工作,调动更多学生积极参加健康有意义的学生活动,学院规定,学生在校期间必须完成10个素质养成学分方可毕业。同时,学院还将学生素质养成学分与学生综合测评相结合,进一步完善了学生评价机制。学生素质养成学分的实施,推进了学生的素质养成,保障了学生“千日成长”工程的有效实施。

三、成效显著,金院学子万人成才

(一)面向全体学生,促进学生成长成才

学院以“立德树人”为根本,构建立体化育人体系以来,我院学生的成长成才效果明显,初步形成了“千日成长,百花绽放,万人成才”的育人局面。直接受益学生逾2万人。据统计,2010—2015年间,我院学生共有2000余人次在国家、省、市级学科、文体、社会实践及素质拓展类900多个项目中获奖,其中2012年以来,获得省级一等奖以上的数

量每年以50%的速度递增。有150多个集体获得省市级荣誉称号，有48人次获得国家奖学金，1200余人次获得各类校外奖学金，近10000人次获得素质拓展奖学金。2名学生先后分别当选为浙江省第二届、第四届"十佳大学生"，2名学生获得浙江省国家奖学金特别评审奖，1名学生成为浙江省第十三次党代表。

通过实施学生"千日成长"工程，进一步提升了学生的综合素质和可持续发展力。我院学生就业率连续多年保持在98%以上，其中，金融系统订单培养数量占毕业生人数的近50%。据麦可思公司对学院毕业生的调查报告显示，毕业生对母校的人才培养工作非常满意，如2013年毕业生对母校的满意度为97%，对母校的推荐率为84%，大大高于同类学校。在浙江省教育评估院2105年开展的高校毕业生职业发展状况及人才培养质量调查中，毕业三年后毕业生对母校的总体满意度居全省高职院校第一。

(二)与学生同发展，教师团队成功频丰

在助推学生成长的同时，学生"千日成长"工程的实施，也促进了我院学生工作队伍建设，提升了教师的工作水平。例如，2013年，我院辅导员王琴及其团队开展的"金手指"项目获得教育部辅导员精品项目；闫春飞、俞婷、王琴等三名辅导员先后在浙江省辅导员职业能力大赛中获奖；3人次获得省优辅导员荣誉称号；闫春飞、吴爽老师获得学院首届金牌辅导员荣誉称号并获得纯金奖牌，郑晓燕、牟君清老师获得学院首届金牌班主任荣誉称号并获得纯金奖牌，等等。学生工作队伍素质的提升也更好地推动了学生的优质发展。

(三)拓展社会影响，彰显示范引领作用

2013年12月，作为唯一一所高职院校代表，我院党委书记周建松在第22次全国高校党的建设工作会议上作"以'千日成长'工程为抓

手，推进立体化育人体系建设”典型经验交流发言。2012年，我院申报的“‘千日成长’与‘素质教育’——我院学生‘千日成长’工程纪实”“高雅睿智唯美塑造现代职业淑女——我院淑女学院创设”均被浙江省委教育工委、浙江省教育厅入选为2012年全省高校教书育人典型案例。学院有3个案例入选“全国分类引导青年案例汇编”，2个案例入选“全国分类引导青年电教片”。2012年，该工程获得学院第五届教学成果特别荣誉奖，并于2014年9月获得全国金融职业教育教学指导委员会教学成果评选一等奖。2015年5月，省教育厅领导特别将本成果向省委书记夏宝龙同志作了专项汇报。中国青年报、浙江日报等多家媒体先后相继报道了我院学生“千日成长”工程所开展的系列活动及所取得的成效，得到了广泛的好评。

第八章

以“千万培养”工程为抓手的师资队伍建设

高水平的教师队伍是支撑一国高等教育科学发展、质量提升的人才保障，是反映一所高等学校内涵实力、办学基础的核心指标。高等职业教育作为我国高等教育的重要组成部分和职业教育新的类型，肩负着为社会主义现代化事业培养生产、建设、管理、服务一线应用型人才的历史重任，加强和推进双师型教师队伍建设对于提升高等职业教育人才培养质量、彰显高等职业教育类型特色、增强高等职业教育社会吸引力和可持续发展能力具有十分重要而深远的意义，《国家中长期教育改革与发展规划纲要(2010—2020年)》对此已作明确要求，《浙江省高等教育“十二五”发展规划(2011—2015年)》亦作了精心部署。浙江金融职业学院作为国家首批示范性高等职业院校，长期以来，认真贯彻中央和浙江省教育主管部门关于大力发展职业教育、提高高等教育质量的要求，始终坚持师资队伍建设战略上重视、财力上保证、工程上推动，按照双师组合、专兼结合、机制融合的建设要求，强化高等职业教育教师的三种经历要求、推进教师的三项能力提升、实现教师的三方融入，努力打造数量适当、素质精良、结构合理的以“千万培养”工程为抓手的师资队伍建设。

一、“千万培养”工程的概念

“千万培养”工程：一是指每年化1000万左右的经费支持奖励教师队伍素质提升，包括国内外培养进修、科研资助和成果奖励等；二是指师资队伍建设千万重要、千万要抓紧、千万要抓好、千万要抓实。

二、以“千万培养”工程为抓手的师资队伍建设的回顾

学校自2000年升格举办高等职业教育以来，始终把打造高水平教师队伍作为一项战略工程来抓。具体而言，可分为五个阶段：

（一）规范化阶段（2000—2002年）

当时学校正着力筹建建设高职，按照“办学升格、管理升级”的要求，师资建设亟需解决两个问题：一是专业带头人建设，二是中职教师向高校教师转轨。为此，2001年初制定了《学院“十五”师资队伍建设规划》，明确了“十五”期间师资队伍建设目标、方向和措施。2001年底制定了《关于加强师资队伍建设的若干意见》，进一步明确了学校师资队伍建设的指导思想，明确“职业化、双师化和硕士化”的目标，提出了重视师资队伍建设，抓好双师化、硕士化教师培养等系列要求，开始了师资队伍建设的第一个阶段，即规范化阶段。

（二）特色化阶段（2003—2005年）

随着学院事业的发展、招生规模的扩大、教育评估的要求、在学院筹建三年后即2003年3月27日，为进一步推进师资队伍建设，学院组织召开了第一次师资队伍建设工作会议，明确提出以“职业化、双师化、

硕士化"为目标,着力实施"128"工程(即重点培养10位学科学术带头人,20名学术骨干,80名青年骨干教师),不断提升学校教师素质和能力。会议同时颁布了《关于实施学科带头人、学术骨干、中青年骨干教师培养工程的若干意见》《关于实施专业带头人培养工程的若干意见》《关于推进教师双师化、硕士化进程的若干意见》,《关于实施"青蓝工程"的若干意见》等4个意见,修订了《教师培训、实践暂行办法》《教坛新秀评选方法》等办法,提出了《进一步加强师资队伍建设的指导意见》。学校还设立了专项经费,加大对教师培养、引进、待遇等方面的投入,注重教师主导地位,提高对教师主导地位的认识,开始了师资队伍建设的第二个阶段,即特色化阶段。

(三)创一流阶段(2006—2009年)

2006年,随着学校事业的发展,学校召开了第二次师资工作会议,制定了《浙江金融学院"十一五"师资队伍建设规划》,明确提出实施"2388"高层次人才战略(即20名博士、30名教授、80名副教授、80名优质双师),同时启动了师资队伍建设八大工程(即教授工程、博士工程、学术带头人培养工程、优质双师培养工程、专业带头人培养和管理工程、青蓝工程和兼职教师规范化管理工程、师德教风提升工程)。为此,学校先后制定和完善了师资队伍管理的各项制度和规定,出台了《浙江金融职业学院教师教学业绩考核实施意见》《浙江金融职业学院示范性建设师资队伍管理细则》,修订了《浙江金融职业学院教师工作规范》,出台了《三合一教学团队实施办法》等制度,出台了八大工程的实施办法,推进师资队伍建设,使师资队伍的管理更趋于科学化、法制化、规范化。

(四)再提升阶段(2010—2013年)

示范建设以后,我院各项工作面临着一个重新定位、创新发展的新挑战。2010 年 3 月 17 日，学校召开第三次师资队伍建设工作会议暨教师队伍建设千万培养工程会议。这次会议提出了师资队伍建设的总体方向和主要措施，即用 4—6 年的千万培养工程为抓手，提高师资队伍的整体水平和综合实力，尤其包括强化师德教风建设，同时提出要把重心放到中青年教师队伍的培养和提高上来，要进一步营造尊师重教、教书育人的良好氛围。2011 年，学校制定出台《浙江金融职业学院"十二五"师资队伍建设规划》，提出要按照打造国内一流、国际知名的高等职业院校要求，建设一支数量适当、素质精良、结构合理高水平师资队伍。2012 年 3 月 21 日，学校召开第四次师资队伍建设工作会议，会议提出要按照全心全意依靠全体教师办学的理念，进一步加强师资队伍建设投入力度，每年筹集资金一千万用于教师发展，启动实施师资队伍新内涵的八大工程（师德教风提升工程、学科（学术）带头人培养工程、专业带头人团队提升工程、青年骨干教师培养工程、青蓝工程、教学与课程建设带头人培养工程、推进双师培养工程、国际化高端师资培养工程），进一步提升全院教师素质能力水平，优化整体教师队伍结构，为建设"国内一流、国际知名"高职院校提供强大的人力支撑和发展保障。

（五）续辉煌阶段（2014 年至今）

2014 年是续创新七年辉煌的开局之年。2014 年 3 月 18 日，学院召开第五次师资工作暨教师"千万培养工程"再推进大会，会议提出要高度重视教师职业发展能力和师德师风建设，大力加强青年教师培养和提高，以"五师共育"为抓手，实施"十大计划"［师德教风提升计划、"金晖学者"（学科学术带头人）培养计划、专业带头人提升计划、教学与科研团队培养计划、"金星闪光"（中青年骨干教师）培养计划、博士培养计划、"双师"培养计划、教师信息素养提升计划、教师国际素养提升计划、青年教师助讲（青蓝工程）培养计划］。为此，学校出台《浙江金融职业学院教师职业发展指引》《“金晖学者”岗位制度实施办法》及“十大计划”实施办法，拟订《浙江金融职业学院“人才工程”指南》等制度，以制度规范推进师资队伍建设。继续推进“教师千万培养”，每年专项投入1000万资金用于教师发展，提高师资队伍的整体水平和综合实力。

经过五个阶段近15年的建设，学校的师资队伍取得了显著的成绩，主要量化指标为：(1)正高专业技术职务教师51名，其中教授45名，副教授114名，博士19名；(2)浙江省151人才第二层次3人，第三层次19人；(3)国家级优秀教学团队1个，浙江省优秀教学团队2个；(4)浙江省高职高专专业带头人20名，教育部“全国高校优秀中青年思想政治理论课教师择优资助计划”1名，浙江省教学名师2名，浙江省教坛新秀3名；(5)专任教师中双师占比70%，专业教师中双师占比86.4%。专业教师中“双证”拥有率达91.8%；(6)建立国培基地8个、省培基地8个，校级双师培养培训基地41个；(7)2011、2012年度在浙江省教育厅组织的教师素质与科研提升计划检查中排名第一，2013年度在浙江省教育厅“双师”建设检查中获得优秀等级；(8)近五年我院教师共获得纵向科研课题574项，其中国家社科基金1项、国家社科基金后期资助1项，部级课题17项，省级课题47项，厅局市课题323项，教师的科研能力、社会服务能力总体提高；(9)近五年我院教师共公开发表各类学术论文1529篇，其中核心期刊710篇，国家一级刊物35篇，CSSCI来源期刊发表46篇，高等教育类14种核心论文65篇。

三、以“千万培养”工程为抓手的师资队伍建设目标

2008年学校第一次党代会，以推进示范建设为契机，确立了“五个金院”建设的目标；2013年第二次党代会，学校提出了在“五个金院”基础上全面建设更高品质幸福金院的目标，学校也正在全面实施攀越计划；在学校第二次师资队伍建设工作会议上，我们曾经提出了打造育

人高师、教学名师、实践能师的目标；几年来，我们按照这一目标不断加以推进，通过辅之于教授工程、博士工程、学术带头人培养工程、专业带头人管理和提升工程，通过兼职教师规范化管理工程、国际化高端人才培养工程、中青年骨干教师培养工程等，通过青蓝工程尤其是师德教风工程，促进了一大批育人高师、教学名师、实践能手的形成，站在新的历史发展时期，我们除了继续保持数量适当、结构合理、素质精良的原则要求外，必须对照学校发展和品质建设要求，确立新的师资队伍建设目标，即五师共育。这五师是：

(一)育人高师

高校的根本任务是培养人、造就人，我们的培养目标是中国特色社会主义事业的合格建设者和可靠接班人，培养行为操守好、岗位适应快、动手能力强、德才兼备并具有较强可持续发展能力的职业化专业人才。教师的行为规范十分重要，师德教风最为关键，而在学校全员育人、全面育人、全程育人、全心育人、全体育人、全景育人体系和"千日成长"工程指引下，教师育人能力、水平和素质的提升非常重要，我们需要一大批会做学生思想政治工作、管理服务工作，头脑引领、人格塑造能力强、水平好的育人高师。

(二)教学名师

教书育人首要的是把书教好、向学生传授好知识和技能，培养和造就一大批理论功底扎实、科研能力较强、熟悉高等职业教育规律，具有较高教学艺术的课程教师是师资队伍建设的重要基础性工作，要发现、培养和着力打造好一批新秀和名师，这些教师既有真才实学，也受学生广泛欢迎，得到业界广为好评。

(三)实践能师

职业教育的特点是开放办学、产教融合、校企合作,在教学上则表现为教学做统一,除此之外,我们还有相当一部分技能和操作性课程,因此,教师的实践水平、动手能力和“双证”持有情况亦十分重要,对此,教育行政主管部门有倡导、有激励、教育教学和人才培养工作十分急需,我们务必抓实抓好。

(四)学术大师

培养和造就专业学术领域的领军型人才,培养和造就一批在某一领域有较高造诣,在学术界和业界有广泛影响的重量级专业人才,为其学术发展铺设架桥,由此带领若干团队不断发展,为繁荣学术、促进人才培养创造条件,做出贡献。

(五)服务强师

解放思想、开拓创新、培养和造就一批在开展培训、横向社会合作、科研服务应用等领域具有较强能力,能有较大经济效益和社会效益、产生品牌影响力的人。

四、以“千万培养”工程为抓手的师资队伍建设具体要求

(一)基本原则

1.师德为先

热爱教育事业,树立良好的教师职业观念,形成丰富的教师职业情感,教书育人,敬业爱生,为人师表、团结协作、严谨治学、服务社会。以人格魅力、学识魅力、职业魅力教育和感染学生,形成忠于职守、遵纪

守法、以身作则的教师职业情操。

2. 学生为本

以学生发展为本，落实“关爱学生进步、关注学生困难、关心学生就业”的“三关”教育服务体系。培养学生的职业兴趣、激发学生的创造性，提高学生的就业能力、创业能力、观察能力、组织能力、交往能力和终身学习能力，促进学生学有所长，全面发展。

3. 能力为重

在教学和育人过程中，把专业理论与职业实践相结合、职业教育理论与教育实践相结合；遵循职业教育规律和技术技能人才成长规律，不断提高教育教学能力、科研能力、职业能力、社会服务能力及管理能力；坚持理论与实践相结合，实现理论教学能力和技能教学能力双向提高。

4. 实践为据

积极参加实践锻炼，了解产业发展、行业需求和职业岗位变化，具备企业经历。坚持实践导向，结合专业教学，主动带着课题到行业和企业中开展调查研究和学习进修，及时应用到专业和岗位等相关工作中，并利用自身优势及学校的有利条件为企业服务。

5. 发展为要

学习专业知识、职业教育理论与职业技能，学习和吸收国内外先进职业教育理念与经验；优化知识结构和能力结构，提高文化素养和职业素养；具有终身学习与持续发展的意识和能力，做终身学习的典范。

(二)培养要求

1. 梯队培养

人才队伍的职称结构、学术层次、年龄结构要保持总体均衡和平衡。合理组合，配备梯队，以实现人才队伍的最佳配合与效能发挥。

2. 分类培养

以“十大计划”为载体，推进新一轮师资队伍建设，明确分类培养要求。

3. 递进培养

学校在人才培养方面的创设条件和提供经费，各系部根据本系实际情况制定出自己的培养人才的措施和配套政策，逐步建立院系两级递进培养体系。

4. 项目带动

组织实施省级、院级各类人才项目，以项目为载体，切实增强培养实效，并作为各类人才工程实施考核的重要依据。做好项目的管理服务、中期检查和考核验收工作。

5. 绩效考核

根据学校总目标建立各系部分目标，每个系部和教师个人都明确职责，对照绩效考核指标，按自我评价、系部评价、学校评价三结合的方式进行绩效考核。

6. 等效评价

按照教学为主型、科研为主型、教学科研并重型、社会服务与推广型等 4 个类型建立教学、科研与社会服务等效评价机制。

（三）推进方法

1. 尊重厚待现有人才

要尊重和厚待现有人才尤其是为学校改革发展做出了重大贡献的优秀人才，通过每年评选“三优秀”“金晖奖”“忠诚奖”“金晖学者”称号教师，对长期安心、爱校爱岗、爱生奉献、贡献突出的教师给予褒奖及厚待，用更大的力度、更大的勇气、营造更加健康的文化。

2. 着力培养青年才俊

青年是祖国的未来、学校的希望，加大力度、加快速度、加强效度培养和造就好青年教师队伍，这是学校事业兴旺发达、继往开来，实现“永创永续金融黄埔”的关键。为此，学校承诺，常规发展多渠道、快速发展有通道、超速发展开专道，同时更鼓励青年教师积极努力、激励奖励、破格晋级、成名成家，包括攻读博士学位、争取各级人才工程等，也希望青年朋友们既要积极主动、又要集体互动；并在政策面前积极振动以努力实现行为跳动。

3. 积极引进发展急需

事业在发展、层次要提升、结构要盘整、领域要创新，学校要实现打造百年品牌的目标、要续创新七年辉煌，要以师资队伍的内涵建设为重点；不能满足于现状，应该用刚性和柔性相结合的方式，着眼于学校事业发展、着眼于学校品质提升、着眼于学校功能增强，广开门路、解放思想、制订政策、营造环境，再引进一批博士、再培育一批教授、再充入一些名师大师，努力推进学校在可持续发展道路上阔步前进。

五、以“千万培养”工程为抓手的师资队伍建设主要举措

（一）顶层设计引导师资队伍建设科学化发展

学校全面对照《国务院关于加强教师队伍建设的意见》《浙江省人民政府关于加强教师队伍建设的实施意见》的要求，坚持“总体规划、择优扶持、奖惩结合”三维合一的框架，根据“学生需求—专业要求—教师能力”的对应关系，在更高起点对师资队伍建设进行重点研究、规划和实施，全面启动实施师资队伍建设新内涵的八大工程，创造条件争取项目加以支持，以工程推动促进教师专业化发展。出台《浙江金融职业

学院教师职业发展指引(试行)》,拟订《浙江金融职业学院“人才工程”指南》,为师资队伍的可持续发展提供了指导。出台《“金晖学者”岗位制度实施办法》等制度,以制度规范推进师资队伍建设。实施分类指导,促进教师强化职业化意识、拓展国际化视野、提升信息化能力。

(二)确定指导思想、总体目标,推进师资队伍建设

全面贯彻党的教育方针,认真落实国家和浙江省教育规划以及人才规划,坚持科学的发展观和人才观,以职业化、信息化、国际化为目标,积极创造条件,加大投入力度,完善考核评价,进一步推进学校师资队伍建设。

2014—2016 年,适应学校提升层次的要求,以强化内涵建设为指引,落实“千万培养”,推进新一轮师资队伍建设。遵循高职教育规律和教师发展规律,把促进学生成长成才作为教师工作的出发点和落脚点,突出重点,拓展渠道、创新方法,完善机制,提高教师师德教风和业务能力。培养 5 位浙江省“151”第二层次及以上人才;10 位“金晖学者”高水平、高素养、高能力教师;20 位理论实践紧密融合的专业带头人;30 位博士学位高水平科研带头型教师;40 位较高水平有影响的教授;50 位分布学校各学科、各岗位、担重任的正高级专业技术职称的教师;发挥高层次人才的引领作用,提升其在专业领域、行业领域内影响力。着力提升青年教师的职业素养和职业教育教学能力、科学研究能力、社会服力能力,促进广大青年教师快速成长。教师管理制度更加科学规范,形成富有效率、更加开放的师资队伍建设工作机制。

(三)机制保障师资队伍建设可持续发展

学校按照“培养提高、充实引进、规范分流”三结合的思路,以提高素质、优化结构为重点,从规划、投入、管理、考核、激励等各个环节建立师资队伍建设组织领导、日常运行、考核评价的工作机制,通过政策支

持、项目带动、经费投入等手段加以推进。职能部门形成政策合力和协调机制，配合做好服务工作，有计划地有针对地组织各级各类师资培训，强化校本培训，支持教师社会实践和学习进修等，发挥教学名师、高职称教师、行业专家等在新教师和青年教师培养过程中的作用，提升教师水平层次。做好省财政师资专项经费的申报、管理和绩效考核，师资队伍建设与岗位设置和绩效工资改革相结合，保障师资队伍建设的可持续发展。

（四）实施新一轮师资队伍建设的"十大计划"

2014年是全面深化教育改革的开局之年，学校以出台《教师职业发展指引（试行）》为契机，实施新一轮师资培养推进计划，发挥政策的导向和激励作用，创新项目平台、注重分类培养、优化过程管理、强化绩效考核、提升服务能力，推进师资培养工作进入新的阶段。

1.师德教风提升计划。着力提高教师职业道德与修养，打造素质高、能力强、作风正的教师队伍。

2."金晖学者"（学科学术带头人）培养计划。努力培养造就一支具有发展潜力，对本专业（学科）建设和学术研究工作有创新性构想，在某一方向具有较高的能力和水平，具有团结、协作精神及相应的组织、管理和领导能力的高素质高水平专业化师资队伍，更好地适应学院高层次人才培养的新需求，为学院可持续发展提供强有力的人才保障。

3.专业带头人提升计划。着力提高教师专业建设能力和水平，培养一批专业突出、市场拓展力和创新力强的高素质专业带头人。

4.教学与科研团队培养计划。选准一批个体自觉且有培养前途的教师作为培育对象，鼓励和支持浙江省新世纪151第二层次人才、省高职（高专）专业带头人、学院金晖学者、教授，结对一位（批）学术助手（青年教师），形成一个教学科研、社会服务团队；结交一位（批）业务行家（同行专家），打造一个教学实践相结合的团队；搭建和创新一批行业企业合作交流平台,结交和发展一批同行互动交流平台。

5.“金星闪光”(中青年骨干教师)培养计划。以提高青年骨干教师素质和能力为目标,充分创造条件,统筹安排、循序渐进,对那些具有较高学术造诣和专业水平、并有很好发展潜力的青年骨干教师,加大培养力度,重点扶持,促使一大批青年骨干教师快速成才,形成我院最高层次领军人才的重要后备力量。

6.博士培养计划。鼓励教师结合学校和专业发展需要,培养与本专业教学科研工作密切相关的博士,提升师资队伍的学历结构和知识结构。进一步提升博士科学研究能力和学术创新水平,能带动学院学术氛围的建立,保障学院人才培养质量。

7.“双师”培养计划。以访问工程师项目为切入点,强化教师实践能力和“双师”素质培养,建设一支数量充足、素质一流,熟悉产业状况、服务产业转型、支撑产业发展的高素质专业化的“双师”教师队伍。

8.教师信息素养提升计划。通过信息素养基础培训,使全体教师具备较高信息技术意识;通过信息素养提高培训,使80%以上的教师能够在教育教学中熟练应用现代信息技术;通过信息素养研修培训,使30%以上的教师深入理解信息技术先进思想并运用于科研及教学创新;全体行政管理人员能熟练掌握教育教学管理系统和软件,能运用管理软件和系统高效地管理学校各部门的事务,从而全面提高教师队伍的信息技术素养,促进学校教育现代化。

9.教师国际素养提升计划。以与学院当前国际化发展相适应的举措为载体,帮助教师实现国际化视野再拓宽,国际惯例再认识、本专业国际化知识再更新、跨文化沟通能力再提升、独立的国际活动能力和运用与处理信息的能力再提高,造就一支具有国际化视野,胜任国际化人才培养、参与国际合作研究,进行多元文化交流、熟悉国外教育管理、具有较高国际化素养、适应国际先进水平学校建设需要的高素质优秀教师队伍。

10. 青年教师助讲(青蓝工程)培养计划。培养一支职业道德修养合格,熟悉高职教育课程教学、了解现代教育理论水平、掌握基本教学技能的青年教师队伍。通过实施青年教师助讲培养制度,以提高职业道德修养、现代教育理论水平和基本教学技能为主要目的,对新进的青年教师专门进行相对集中的培养培训,帮助其尽快适应现代职业教育要求,成为学院教育教学与改革的中坚力量。

(五)落实五阶次培养,推动师资队伍建设水平再上新台阶

利用三年左右时间,在全体教师中实施"国培""省培""校培""系培"、和"自培"五阶次培养,探索"国培"和"省培"引领、学校统筹、系部管理、自我提升的分级培养、递进培训体系,充分调动教师参与培训的积极性,有计划、有针对性地提高教师培养层次,形成个人与组织的协同,实现人才资源的最佳配置与效能发挥。

(六)结合《教师职业发展指引》,深化教师专业技术职务评聘制度改革

《教师职业发展指引》,为师资队伍的可持续发展提供指导,是教师开展教育教学活动的基本规范,是引领教师专业发展的基本准则。结合本指引(即"职业意识、职业态度、职业修养、教学规律理解与把握能力、通识教育能力、专业教学能力、课堂教学能力、教育教学研究能力、实践育人能力、技术服务与实践能力、科学研究能力、可持续发展能力"),根据学校三年评聘规划、专业技术岗位聘用情况、岗位总量、岗位结构比例及岗位余量,以保证重点、预留发展空间为前提,深化我校教师专业技术职务评聘制度改革工作。

(七)强化服务、完善制度、构建师资队伍建设长效机制

师资队伍建设是一项系统工程,通过强化组织领导、完善管理制度、实施项目载体、构建长效机制等进一步强化服务管理，使学校人才队伍的职称结构、学术层次、年龄结构、梯队培养保持总体均衡，提升全院教师的素质和能力。

1. 强化组织领导

学校加强对师资队伍建设工作的组织领导，在党委领导下，建立师资队伍建设工作领导小组，及时研究解决教师队伍建设中的突出矛盾和重大问题，确保教师队伍建设政策措施落到实处。职能部门明确职责，完善协调沟通机制，制订相关政策和措施，落实“十大计划”项目，对系部教师培养进行指导、管理和考核。系部统筹、指导和实施对本系教师专业发展培训规划与质量监控，根据不同类别、层次、岗位的教师发展需要，提高培养的针对性，完善以企业实践为重点的教师培训制度并加强管理和考核。

2. 完善管理制度

制度建设是解决问题的治本之策，以制度促进管理的规范化和科学化。学校创设条件和投入经费，职能部门协同系部制定和落实教师培养与素质提升工作，强化对系部师资管理的培训与服务，建立比较完善的教师专业发展培训制度。加强教师专业发展的制度建设，制定教师聘任(聘用)、考核、退出等管理制度，保障教师合法权益，形成科学有效的教师队伍管理和督导机制。进一步完善院系分级管理，提高管理的有效性，建立健全新入职教师岗前培训制度和每 3 年一周期的全员培训制度，形成人才梯队建设总体均衡和良性循环。

3. 实施项目载体

以项目为载体，切实增强培养实效，并作为各类人才工程实施考核的重要依据。做好项目的管理服务、中期检查和考核验收工作。根据学校总目标建立各系部分目标，按照组织程序与责任分工，建立一个自上而下和自下而上的目标体系，形成合力，分层分类规划培养教师。加强经费保障，进一步规范各类人才项目经费使用，充分发挥经费使用效益。

4. 构建长效机制

重视师资队伍建设的文化氛围营造，注重人文关怀，实现个人价值与集体价值统一融合。建立教师专业发展质量反馈与评价制度，探索量化考评机制，动态管理教师专业发展。建立教学、科研与社会服务等效评价机制，使教学、科研与社会服务都受到重视，给予同等的经济报酬和价值认可。加强对实施绩效工资后新情况的研究，着力增强绩效工资制度的激励作用，推进教师队伍建设。

总之，百年大计，教育为本；教育大计，教师为本。学校师资队伍建设主体是在校的每一位教师，学校师资队伍水平提升依靠主体教师的努力。学校将以推进新一轮师资培养为契机，贯彻《教师职业发展指引（试行）》，实施“十大计划”，落实“千万培养”，使教师发展呈现出“百舸竞发”的气象，为全力推进国内一流、国际知名高职院校提供有力人才支撑，为续创新七年辉煌、全面建设更高品质幸福金院奠定坚实基础。

第九章

以“千花盛开”工程为依托的校企合作机制建设

校企合作，产教融合是职业教育的灵魂。如何在财政类职业学校走出一条校企合作之路，浙江金融职业学院一直在实践探索的路上。在落实践行国家职业教育方针政策和对接行业需求过程中学校开展了独特的校企合作“千花盛开“工程并形成有效的校企合作机制，结出了可喜的实践探索硕果。希望通过校企合作的工作总结，能进一步认识校企合作至于职业教育的活力，产教融合赋予人才培养的作用。

“校企合作，产教融合”一直为高职院校办学的基本特征。高职院校的本质属性和行业特色，决定了其办学必须坚持走产学合作的道路。作为国家示范性高职院校的浙江金融职业学院，其前身为隶属于中国人民银行的浙江银行学校，无论从其出身的背景，还是办学的需求，均鲜明的反映了依托行业办学的的特征。因此，创建有效机制和载体，加强校企合作，推进共同培养人才，已成为学院可持续发展的必由之路。

2000 年浙江金融职业学院提出，依托金融行业，“立足大金融，面向大市场”办学的思路。2001 年明确要探索和践行“教学与实践零距离，教师与学生零间隙，毕业与上岗零过渡”为目标的产学研一体化发展路径。2003 年，学院出台了《依托金融行业，面向市场办学的指导意见》，进一步明确了开门办学的指导思想。2004 年学院确立了“就业立校、服务强校、合作兴校”的办学方针，提出了“把毕业生的优质就业作为立校之本，把提高为行业企业和社会服务的能力作为强校之路，把推进与各界的合作作为促进学校兴旺发达之道”的理念。2006 年出台了《关于深入推进产学合作的若干意见》，提出“依靠全行业合作支持，动员全中国校友力量，整合全社会有利资源，汲取全世界有益经验，调动全方位积极因素，合力打造示范金院”的行动口号。2010 年学院明确要坚持以“千花盛开工程”为抓手，推进校企合作广泛深入开展，同时在组织保障、制度建设、考核机制等方面不断完善，有力地推动了学院人才培养工作质量提高。

一、“千花盛开”工程提出和实施的背景

(一)国家大力发展职业教育的政策要求

百年大计，发展为本；发展大计，教育为本。改革开放以来，特别是进入 21 世纪后，我国的教育事业取得了举世瞩目的巨大成就。高等职业教育作为我国高等教育事业的一个重要组成部分，也倍受国家各级部门的高度重视。《中华人民共和国职业教育法》的颁布，《国务院关于大力发展职业教育的决定》的出台，以及《教育部关于加快推进职业教育集团化办学的若干意见》《现代职业教育体系建设规划(2014—2020)》《国家中长期教育改革和发展规划纲要(2010—2020)》等一系列文件，从法律法规、方针政策、制度规定上明确了我国职业教育的作用、地位、人才培养要求、发展方式等重大问题。

习近平总书记在近年全国职业教育工作会议上指出，必须把提高

人才培养质量作为核心任务。要牢固树立以提高质量为核心的教育发展观，把工作重点和资源配置集中到教育教学上来。要坚持以立德树人为根本，培育和践行社会主义核心价值观，促进学生全面发展。创新人才培养模式，坚持产教融合、校企合作，坚持工学结合、知行合一，着力提升学生的职业精神、职业技能和就业创业能力。总书记的讲话指明了职业教育的发展方向，产学合作的“千花盛开”工程将是我院要不断深化的育人大工程。

（二）国家着力推进金融业转型的人才需求

中国经济新常态对金融领域的影响比实体领域更为强烈、更为复杂，“新常态”将给中国金融业带来翻天覆地的变化。经济数据显示，我国国民经济增速放缓，这必将对金融机构的经营活动产生重大影响，一方面，速度减缓带来客户群体的重大改变；另一方面，对金融业的资产质量也会带来影响。大环境的改变，再加之城镇化和网络金融时代的来到，使得金融业在中小微企业的金融服务和消费金融领域有极大的发展空间。同时，对于人民币国际化的跨境业务支付、城镇化基础设施投资信贷等方面也面临机遇。金融业的转型发展势在必行，这种变革的背后，则必然要有强有力的人才支撑。而适应金融发展改革需要的大批中初级的专门人才，需要职业院校培养，职业院校对学生职业精神、职业技能、创业能力的培养必须依靠校企合作，才能完成历史赋予的重任。

（三）职业院校深化合作办学的现实需要

校企合作办学是职业院校发展职业教育的必然选择。产业发展水平决定职业教育发展水平，也决定校企合作的形态。纵观世界职业教育发展史，在传统手工业时期，职业技能培训采用师傅带徒弟的方式，到大工业时期，传统学徒方式已不适应大规模培养人才的需要，学校形态的职业教育应运而生，目前知识经济时代，现代产业发展对人才的综合素质提出了更高要求，生产一线的工作人员不仅要具备较强的动手能力，而且要具备一定的理论基础、较强的团队合作和创新精神，因此只有校企合作，产教融合教育形式，才能适应培养创新型人才的要求。

高职教育的特征决定职业院校要深化校企合作办学。高职教育具有高等教育和职业教育双重属性，为此国家越来越重视高职教育与行业、企业之间的紧密联系，高职院校的办学模式改革也将呈现出新的轨迹。高职院校将成为一方主办、多方参与，融教学、社会服务、科研开发等功能为一体，为高素质技能型专门人才培养提供教学管理与服务的开放式平台。这一平台的搭建要求高职院校遵循市场的规律，营造和谐的办学生态。

高职教育发展要求职业院校要适应经济发展需求深化校企合作。从高职教育的管理来看，高职院校在政府的支持下，成为高等教育大众化中的重要力量，在完成办学规范与规模扩张之后，仍面临着如何办出内涵、办出特色，实现可持续发展的挑战。单一的政府投入已经无法满足高职院校进一步发展的需要，这就迫切要求高职院校探索新的办学模式，以突破办学资源的瓶颈。从高职院校的培养目标来看，高素质技能型专门人才的培养需要充足的校内外实践教学基地和大量来自岗位一线的骨干、专家担任兼职教师等配套条件作为保障。这些保障条件的获得，无法依靠高职院校自身的力量完成，必须通过校企合作才能实现。

(四)学生获可持续发展能力的理想追求

职业教育的普及，实现了更多学生获得接受教育的机会和权利。改革开放 30 年以来，特别是进入 21 世纪后，我国教育事业实现了两大突破，即实施九年义务教育和高等教育大众化。高等职业教育的大众化，作为教育普及的重要类型，使全国更多因高考分数低而未有机会走进普通高校的学生，实现了上大学的梦想。

职业学校学生的职业理想是实现优质就业或成功创业，并具有职业的可持续发展能力。因此，高职院校的人才培养工作，要把满足企业对人才需求作为根本任务，把学生获得综合提升，实现职业理想的作为责任。学生在校学习的目的主要是期望获得优质的教育资源和优良的生活环境，获得综合素质提升的平台和展示的舞台，希望通过学校一系列人才培养工作来实现自己远大的理想。为此学校始终坚持"以生为本"理念，体现一切为了学生，为了学生一切，为了一切学生的办学思想。职业院校能否培养出社会行业要求的人才，不仅关系到学校的兴败，而且牵系学生一生甚至学生整个家庭的命运。为此，坚持"以生为本"，立足行业需求，积极开展产学合作，产教融合，提升和深化人才培养模式，提高办学和人才培养质量，是学校发展的根本，是学校帮助学生实现人生理想的不可推卸的责任和义务。

学校教育面向社会发展，面向生产实践，面向工作岗位这是我们一直在努力的。2006 年国家示范校建设中，提出并实践了学校各专业(群)组建一个教学指导委员会、聘请一批合格兼职教师、搭建一批学生校外实习基地、开拓一批学生就业市场、组织一批教师调研挂职锻炼基地、形成一批学校社会服务网，最后构建一个紧密型产学研合作机制的产学合作工作思路，通过实践有效推动了高技能人才培养工作，为进一步系统推进校政行企协同育人奠定了基础。随着国家经济金融形势的变化和我省新的经济金融格局的形成，需要新的合作模式来深化学校与政府、企业的合作关系，打造"六个一"的合作升级版，以"千花盛开"工程为依托的校企合作机制也就必然成为学校培养合格人才的核心抓手。

二、以"千花盛开"工程为依托的校企合作机制探索

(一)组建职教集团,搭建系统培养人才合作机制

职业教育集团是职业院校与行业企业等组织间进行共享、互补、发展的教育平台,是近年来我国加快职业教育办学机制改革、促进优质资源开放共享的重要模式。通过组建职业教育集团,不同主体可以充分发挥支持和参与职业教育发展的重要作用。推进职业教育集团化办学,有利于整合多方力量,推动现代职业教育体系建设;有利于建立健全政府主导、行业指导、企业参与的职业教育办学机制;有利于深化职业教育校企合作,系统培养高素质技术技能型实用人才,提高人才培养质量。

为促进建立现代职业教育制度,整合职业教育资源,实现教育与产业优势互补、资源共享、拓展空间、增强总体实力的目标,2003 年经浙江省教育厅批准学院发起组建以本校为龙头,金融机构、企业、金融研究机构、其他高等职业院校、3+2 合作学校等单位参与,实行会员理事会制的浙江金融职业学院职业教育集团,并制定实施了《浙江金融职业学院职业教育集团章程》。

职教集团组建后,在以就业为导向,开展专业教学改革与课程教学改革;校企校际合作,师资交流与人员培养;构建职成教一体化,开展职业培训;合作开展课题研究与学术交流等方面发挥了整体优势和功能,推动了学院产学研一体化发展,相继形成了 3+2 中高职一体化教学模式、2+1 高职人才订单培养模式等,成为实施校企合作"千花盛开"工程的重要基础和丰硕成果,推进了学院产学合作发展。

浙商银行客服中心落户校园,银行和学校共同培养银领人才。银行利用学院师资力量协助开展在岗人员培训,学校将银行客服人才培养标准融入课堂教学之中,并通过教学实践和定岗工作方式向浙商银

行客服中心输送实习生，银行通过对实习生在实际岗位上的工作指导使其职业化，形成“实体金融机构提供真实工作场景、学院专业老师和银行师傅双重指导、学生自主顶岗实践和标准化工作”的三位一体新型教学实践模式和高校职业化人才培养新模式。

(二)设立银领学院，夯实订单培养人才合作机制

订单式人才培养是院校针对用人单位需求，与用人单位共同制定人才培养方案，与学生签订就业协议，引进企业的资金、设备、师资、标准和需求，学生在学校、用人单位不同的教学地点学习，在订单企业进行工学结合和顶岗实习，学生毕业后直接到用人单位就业的一种人才培养模式。

学院从2001年开始订单式人才培养。先后与建设银行浙江省分行、建设银行宁波市分行、工商银行浙江省分行、浙商银行股份有限公司、中国人民保险公司浙江省分公司等多家单位签订了订单式人才培养协议。通过校企双方共同制定教学计划、共同完成教学任务(学校教师和行业兼职教师)、共同设定考核标准，订单培养的学生以动手能力强、岗位上手快、岗位稳定性好而受到好评。用人单位纷纷来校举办订单式，竞相签订人才培养协议。出现了被专家誉为的人才培养的“赶集”效应学院为了加强订单人才培养，由学校和商业银行共同组建了银领学院，对订单学生进行大规模、全程式、岗位型金融“银领”人才培养，并进行集中化管理，将金融文化、校友文化、诚信文化与订单人才培养有机地结合，形成了“文化订单”的新型订单人才培养模式。学校和商业银行共同制定教学计划、共同选派师资、共同进行实验实训室建设、共同开展人才培养与培训。订单培养的金融“银领”人才毕业岗位对应商业银行一线柜员岗位，教学管理过程中对这部分学生实行职业化教育、员工化管理，实行订单培养的金融“银领”人才毕业即就业，毕业生动手能力强、岗位适应快、综合素质好，用人单位满意度高。

银领学院“文化订单”模式以订单培养为始点，为学生打下基于用人单位和学生本人双向选择的接受培养的基础；以开放办学为特征，紧密依托金融行业，充分发挥校友优势，整合集团资源，提高教育教学质量和水平；以校企合作为平台，打造用人单位和学院在人才培养方面的利益共同体；以工学结合为载体，为学生创建在学校和用人单位间交替学习、实训和实践的机制；以双师团队为依托，组织商业银行业务骨干完成专业课程教学，学院教师完成公共基础课程教学和教学组织工作；以优质“银领”为目标，与商业银行等金融机构合作培养面向商业银行业务一线的高素质技术技能型金融人才。银领学院成立至今，与120余家企业累计建订单班399个，共培养人才12600余人。

这一模式的成功构建和有效实施，已成为学院一张“金名片”，享誉全国的一大品牌。

（三）创办德清学院，构建协同育人合作机制

2013年，浙江省人民政府决定在德清县建立浙江省长三角金融后台基地。学院抓住机遇，与德清县人民政府签订战略合作协议，合作创办金融服务外包学院，开设电子商务、财务会计专业，以“3＋2”办学机制共同为后台基地培养高素质技术技能型职业人才。

根据《现代职业教育体系建设规划》（2014—2020年）精神，积极探索发展股份制、混合所有制职业院校。纲要从国家层面明确了允许以资本、知识、技术、管理等要素参与办学并享有相应权利。职业教育通过校企合作、中高职一体化培养服务经济社会发展的技术技能人才。为进一步满足后台基地发展对人才支撑的需求，2015年学院与德清县人民政府、浙江省农村信用社联合社联合签订合作协议，决定在2013年签订战略合作协议并设立金融服务外包学院的基础上，合作创办混合所有制的德清学院，制定并实施《浙江金融职业学院德清学院办学实施方案》，校、政、行、企合作，探索以混合所有制理念和面向行业实际

需求创新办职业教育,协同培养高素质技术技能型职业人才。创办德清学院是进一步深化校政行企合作,推进产教深度融合,创新职教办学体制,实现生产要素在职教改革领域优化配置的生动实践,是有效衔接高职、中职两层次教育的有益路径,是职业教育办学的创新形式。

德清学院成立初期,合作三方分别在办学场地、管理、师资队伍、校内外实习实训基地、就业岗位和制定人才培养方案等方面发挥自身优势,并作为投入要素占有德清学院股份;以“3+2”办学机制合作举办电子商务、财务会计等专业;共同组建领导和办事机构,形成领导小组指导下的院务委员会负责的管理机制,成立院务专家咨询委员会、专业指导委员会和人才培养质量考评工作小组,发挥三方不同主体作用构建建设发展保障机制、协调推进机制、人才培养量标准化体系和监督评价体系。

按照“政府支持、高职引领、中职共建”的思路,德清学院办学初期成效显著:优质完成浙江省教育技术中心的数字化教学资源建设;第一届 3+2 学生以优异的成绩完成中职阶段学习,顺利进入高职学习;参与各方在探索现代职业教育体系与人才培养途径上取得重大突破。

(四)开展继续教育,拓展终身教育合作机制

教学、科研、社会服务是高校的三大职能。学院一直依托行业开展多层次、多岗位干部培训,为进一步发挥学校服务地方、行业、在校学生的功能,2009 年学院在原成教学院和培训中心的基础上成立了继续教育与培训学院,采用“1+1+8+X”模式,即银领学院+培训学院+8 个金融机构设立的产学研合作基地+X 家合作拓展单位的继续教育和培训服务模式,稳固和拓展终身教育机制。继续教育与培训学院通过广泛合作办学,延伸高职教育的服务功能,拓展了新型服务项目。与培训经纪公司合作,启动了营销服务一体化网点转型培训咨询项目;与企业培训师联合会建立合作关系,拓展高层次师资;与协会等机构合作,

开拓新的培训咨询项目;开展人力资源代理招聘、人才测评、人才考核和人才发展等。此外,作为全国中高职师资培训基地,开展了中高职专业教师队伍的培训服务。迄今为止继续教育与培训学院共开发一级培训课程包 16 种,为 56 家金融机构等承担培训任务 773 期,共培训 38103 人次。承担了近 2000 名中高职专业教师培训。

三、以"千花盛开"工程为依托的校企合作机制深化路径

(一)广泛谋求多元合作,壮大职业教育集团力量

职教集团是学院深化产教融合、校企合作,激发职业教育办学活力,促进优质资源开放共享的重大举措,经过多年发展学院职教集团化办学得到较快发展,形成一定的特色、规模和社会影响较大。但总体上看,学院职教集团化办学基础依然比较薄弱,管理体制和运行机制创新不足,行业企业参与积极性不高、成员合作关系松散,支持与保障政策不完善,促进教育链和产业链有机融合的重要作用没有得到充分发挥等问题尚且存在。如何进一步深化机制,壮大职教集团力量,是当下必须解决的一大问题。

从多年教育实践中我们认识到,要全面增强职教集团化办学活力和服务经济社会发展能力,必须坚持以服务发展为宗旨、促进就业为导向,以建设现代职业教育体系为引领,充分发挥政府推动和市场引导作用,本着自愿自由、育人为本、依法依规的原则,努力吸引职校、行业、企业、科研院所和其他社会组织等各方面力量通过"利益链"加入职教集团,探索多种形式的合作模式。必须进一步健全职教集团工作章程、管理制度和工作程序,以完善决策、执行、协商、投入、考核、监督等日常工作机制。必须充分发挥职业教育集团成员单位中行业企业的作用,建立相关专业建设指导委员会,健全专业设置随产业发展动态调整机制,围绕人才培养、共建实训基地、合作培养师资、开发课程和教

材、学生顶岗实习、现代学徒制等开展形式多样的深度合作办学实践，推进办学模式、培养模式、评价模式改革，促进产业链、岗位链、教学链深度融合。必须有效借助职教集团内成员力量，以建设课程衔接体系为重点，推动人才培养目标、专业布局、课程体系、教育教学过程、行业指导、校企合作等方面的衔接，健全中职与高职“3＋2”、高职与本科“3＋2”“五年一贯制”等培养模式，拓宽学生从中职、专科、本科到研究生的上升通道，走适合产业发展的人才培养途径。

在注意解决以上问题的基础上，学校积极谋求与政府、行业、企业、协会、党派的合作，吸收更多志同道合的单位加入到职教集团中来，推动产教融合向更深更广的方向发展。

（二）深化订单培养机制，释放银领学院品牌效应

银领学院多年积极探索和实践的文化订单人才培养模式，有效解决了财经类院校学生工学结合、顶岗实习难的难题，形成了校企合作的长效机制；解决了学生培养与企业标准、需求脱节的问题，使人才培养和课程建设成为一个有机的系统；解决了学校专业教师脱离实践、教学过程中容易发生的“教与学”两张皮问题；解决了高职教育办学的封闭性问题，通过订单培养平台可以引进企业设备、师资、培训、标准、需求，形成一个开放式的高职教育；解决了学生的就业难题，实现了学生顺利就业、对口就业、优质就业，解决了高职院校学生就业机制问题。

新的社会发展阶段，经济转型升级的大背景下，金融及其他行业对人才层次、素质、技能等提出的更高要求。然而，多年来金融行业企业对岗位招聘额度消耗过快，人员流转速度过慢等因素，银领学院订单培养的规模化发展已经面临更为严峻的挑战，必须要探索深化发展新路径，打造银领学院人才培养新高度。为此主要从以下三方面着力：

1.深化银领学院订单人才培养机制。积极探索现代学徒制，在原二年级阶段建立由用人单位选拔组建订单班，共同培养人才的基础

上，探索现代学徒制，即进班即进行(厂)，采用行业、学校双导师制，深化人才培养合作模式。

2. 本着“面向市场、拓宽服务、互惠共赢”的原则，在紧紧依托金融行业合作的同时，依照行业发展和本校特色规划发展专业，积极拓宽与专业发展相关的各行各业的紧密合作。

3. 充分利用国家推进大众创业万众创新的大好形势，进一步推进人才多样化培养，打破专业限制，与合作企业共同组建“创新实验班”“创业实验班”，探索和实践新型人才培养机制，在“订单人才”培养的基础上，深化创新创业能力的培养。

(三)推进产教深度融合，探索现代职业教育体系

学校在校企合作“千花盛开”工程建设中，不乏亮点，但必须进一步理清校企合作，产教融合的关系，校企合作是手段、基础，产教融合是目标、要求。深化校企合作就要紧紧抓住产教一体、校企互动的基本内涵，进一步推进专业设置与产业需求对接、课程内容与职业标准对接、教学过程与生产过程对接、毕业证书与职业资格证书对接、职业教育与终身学习对接，实现教育教学、生产劳动、素质培养、技能提升、科技研发、经营管理和社会服务一体化发展，与行业企业形成“合作双赢”共同体。为此，必须做好：积极服务区域产业。学院要立足大杭州经济圈，面向全省乃至全国行业产业结构的转型升级，建立对接浙江万亿金融产业发展，做好专业建设制度和动态调整机制的制定与实施，进一步重点打造具有鲜明区域特色的专业和专业群。创新办学模式。学院要以产业企业需求为依托，充分借助政府作用和发挥行业企业优势，让各级政府和更多的行业企业参与学院办学，把前沿的技术技能要点、最新的市场信息融入教学中，以行业企业先进标准，实现教学与生产融合，培养出适应产业发展需要的高素质技术技能型职业人才。不断优化运行环境。要进一步推动专业课堂从教室向营业场所、产业

园区、工作一线转移,在实践教学方案设计与实施、指导教师配备、协同管理等方面与企业密切合作。积极创建和完善相关机制,保障产教融合"开花结果"。积极推动职教集团化办学规模化发展,发展多元主体组建职教集团的办学合作格局,发挥职教集团在促进教育链和产业链有机融合中的重要作用。不断建立健全沟通协调机制,充分发挥"产学研"一体化发展优势,协调与合作企业之间的分工合作,统筹专业建设、人才培养、招生就业、监督评估等事项。

巩固办学成果,扩大学校办学格局,以目前学院办学地点学源街118号校区为主体,以全面服务金融万亿产业为目标,与地方政府和企业紧密合作,建设德清学院、建德学院两个混合所有制特色学院。德清学院在现有建设的基础上,进一步按照《浙江金融职业学院德清学院办学实施方案》,深化学校与德清县人民政府、浙江省信用社联合社等企业共同育人机制,在以资产、管理、提供实习就业岗位等初步合作的基础上,探索以资本为纽带的混合所有制模式;建德学院是学校与建德市人民政府合作,以中国(杭州)跨境电商综试区建立建德园区为背景,与园区多家电商企业合作,共同出资成立建德学院,培养跨境电子商务人才。同时积极推进与衢州市人民政府跨境电子商务人才培养合作和民建浙江省委创新创业人才培养战略合作。

从学校大金融、大合作、大文化战略出发,发挥金融职业教育集团、地方金融发展研究中心、校友会的平台作用,通过平台深化产教融合,推进校企合作,完善体制机制建设,培养高质量人才,服务地方金融经济发展。

(四)适应社会崭新需求,创新继续教育服务平台

面向行业企业办学是高职院校立校之本,高职院校的主要服务对象就是行业企业,为其培养适用人才并随着经济发展做好人才继续教育工作。校企合作是高职院校继续教育发展的有效途径。适应社会崭新需求，创新继续教育服务平台，丰富继续教育服务内容是新时期的重要任务，因此，学院继续教育要围绕以下方面工作：

1.要紧紧依托行业实际需求和未来发展趋势，与合作企业建立起双向全面参与、互利互惠的继续教育与培训的管理体制和运行机制，建立高职院校内外部继续教育质量监控体系，使双方更为紧密地参与合作项目主体责、权、利配置与划分，参与主体议事、沟通和协调程序等相应制度安排，进一步提高继续教育与培训计划和方案的执行水平。

2.要不断优化要素，区分职前教育和职后培训对教育资源的诉求，保证继续教育的优质资源，尤其是课程资源和师资资源，以体现服务的全员性与个性化、职业性与模块化。

3.要积极发挥优势资源，拓宽合作和服务空间。以助推做大基金会、做强校友会为目标，为浙江省金融教育基金会扩大社会服务项目和学院校友总会强化组织建设提供教育培训服务；以助推学院深化专业体系建设和国家、省、校级教学资源库建设为目标，开展专业覆盖面更广泛的教育培训服务；以助推教师教育培训学院发展为目标，结合国培、省培项目，开展师资类教育培训；以加强校政企合作为目标，积极拓展平台和空间，开展政府购买服务形式范围内的各类教育培训业务。

以上是学校层面校企合作“千花盛开”工程的概要总结，实际工作中学校各系、各专业都有适合人才培养的合作模式、运营机制，共同推动了高质量人才培养。学校校企合作“千花盛开”可谓万紫千红春满园.我们期待在《国家中长期教育改革和发展规划纲要(2010—2020)》的指引下，不断深化校企合作“千花盛开”工程，优化合作机制，通过走合作之路，以达学校兴旺之目标。

第十章

以“三维文化”为基础的文化育人体系建设

大学文化的本质在于文化的传承、文化的启蒙、文化的自觉、文化的创新。而文化与教育的天然渊源，使得育人功能成为大学文化重要的本体功能。高职文化是被高职院校广大师生员工创造、传承、融入并持续发展的，体现高职院校历史传统、价值理念、办学特色、运行模式等精神和物质成果的总和，它既诠释了高职教育的文化精髓，也必然成为高职人才培养的核心要素。

在现代职业教育体系构建的导引之下，高等职业教育所培养的高素质应用型人才，既要具备与岗位相适配的专业技术知识与能力，也要立足文化素质的提升实现职业和人生的可持续发展。这亟待高职文化发挥以文化人功能，以其系统、整体、贯穿、深入、细腻、丰富的全面影响润泽内心、涵养品性、促进成长、赢在职场。作为首批国家示范性高职院校，浙江金融职业学院历经四十余载办学实践，以特有的“三维文化”为核心，通过文化内涵与素质养成的高密度融合、文化浸润与专业教学的全方位结合，文化精髓与职业发展的多角度契合，架构起富有高职特色的文化育人体系，探索出一条成效显著的高职人才培养新路径。

一、基石:文化育人的高职特性

文化育人将文化与教育两者之间即紧密连结、又相互作用的双向性、互动性归到一处。有学者基于哲学存在论,把“文化育人”理解为文明的教育化(以文明为内容的教育)和教育的文明化(教育方式的文明形式)的合一,文明的教育化突出文化作为教育的根本内容在自然人向社会人转变过程中发挥的功能,并推进优秀文明传承沿袭的持续性;教育的文明化强调以多种形式与样态的适度组合培育人(如体制设计、政策措施、文化活动等),促进人的自由与个性发展。认识论则通过解析内在领会(以文化作为人的生活方式)与外在给予(文化育人条件的提供)的不同层次,凸显文化育人通过教育环境的净化、促进文化直达心灵并外显于多种生活形态,实现人的成长。价值论从作为个体的人经由文化教育养成人格、明晰身份归属,阐述文化育人的作用。也有学者提出大学的文化育人涵括了教书育人、管理育人、服务育人、环境育人等各方面。亦有观点从主体切入,从施者(大学)的文化属性与职能定位强调文化与育人之间的紧密关联度。纵然视角不同、观点众多,但值得肯定的是,学界认同文化育人的目标指向——促进人的发展、实现存续的需求,功能指向——文明的传承与创新、个体融入社会并实现自我发展过程中必经的完善与转化。

高职文化在高职院校的长期办学过程中生成,经由广大师生员工共同创造、积淀和形成,涵括了符合高职教育规律、具有时代精神和高职教育特色的物质财富和精神财富。高职文化育人,宏观而言是高职院校对中华优秀传统文化的传承与创新,入微而视则是涵育高职院校青年学子人品、涵养、学识、能力等的过程。就高职院校而言,以社会主义核心价值观为引领,以提升职业精神与技术技能高度融合的人才质量为核心,以行业的职业精神为主导,以产学融合、校企合作环境为平台，始终是高职教育文化育人所围绕的中心，高职文化育人更鲜明得呈现出导向性、职业性、行业性和开放性。

(一)导向性

高职文化因文化特性使然，既能决定高职学生的发展方向，又左右其价值判断、思维方式和行为习惯，应成为高职学生深层次的精神追求和行为准则。换言之，高职文化最重要的功能在于引导高职学生在成才成长的道路上秉持正确的价值取向，传承民族精神，形成高尚人格、优秀品德、文化信仰。社会主义核心价值观代表了当今中国社会的主流思想和先进文化，是高职文化育人旗帜鲜明的导引。高职文化育人应始终依循“立德树人、德育为先”，重视学生立德修身和素质养成，引导学生培育和践行社会主义核心价值观，汲取中华优秀传统文化的丰厚营养，将道德教育与知识教育紧密结合，将“修德”与“求知”有机统一，使高职学生传承讲仁爱、重民本、立诚信、崇正义、尚和合、求大同的时代价值，坚定理想信念，树立广阔胸怀。

(二)职业性

高职教育从“以服务为宗旨，以就业为导向，走产学结合发展道路”“培养面向生产、管理、建设、服务第一线的高素质、专业技术应用型人才”定位直至全国职教会议强调“高职教育服务发展、促进就业的主要任务，产教融合、校企合作的基本特征，工学结合、知行合一的培育模式，职业精神与技术技能高度融合的培养目标”的转型定位都使得“职业性”成为高职院校的显著特征，令高职院校的文化一脉相承地打上了职业性的烙印。高职教育注重知行合一、学做结合，在文化育人方面依然注重与专业建设、实践教学等的紧密结合，突出文化在助推学生专业成才、职业发展方面的浸润作用。作为企业培育“准员工”的“培训营”，高职院校尤其要注重职业精神的培育，高职院校文化育人瞄准职业精神文化的构建。以职业精神为主线，将职业精神融入学校文化元素和校园文化活动，结合校园的传统文化及其所包涵的科学、人文精神，促使学生良好职业精神的养成和内化，理应成为高职院校文化育人的核心要素。

（三）行业性

现代社会对高职院校学生的认同感，不仅来源于学生优良的职业精神，也来自于学生具有与行业、企业、市场要求相匹配的专业能力。高职院校文化育人就必须体现专业性，注重对专业能力的关注和弘扬。根据国务院《关于大力发展职业教育的决定》等相关政策文件和构建现代职教体系对“工学结合、知行合一”培育模式的要求，高职院校坚持能力本位，积极开展培育和铸就具有自身专业特色、强调学生实践能力的文化育人工作十分必要。高职文化育人需基于理论与实践的高度融合、实践环节的大幅增加、大规模工学交替、社会实践平台构建以及“第二课堂”活动文化等，深化学生对行业文化的感知和认同，增强学生对实践专业知识的自觉和自信，提高文化对学生专业能力形成的影响力。

（四）开放性

高职院校办学与社会、市场、行业紧密关联，这种相辅相成、发展共赢的内在联系构建起一种开放的职业教育生态，高职文化育人需呈现多方位的交流合作、多渠道的资源共享、多维度的理念交融。高职院校与行业、企业产学研结合、资源流动的深入开展，有助于学生在企业的顶岗实习一线真切了解企业文化，同时在此过程的文化碰撞与交互中，外在的文化因子会自然而然地融入高职院校文化，在学生的校园生活中动态地发挥作用。特别是职业教育集团快速壮大和现代职教体系构建对职业教育多元所有制的探索，都能令高职校园文化的包容性、广博性、开放性不断加强，文化育人的功效也得到不断提升。

二、内涵：以文化人的立体化

浙江金融职业学院"三维文化"育人体系，即"诚信文化""金融文化"和"校友文化"基于不同的育人维度，相互融合所形成的立体式系统。诚信文化重精神塑造，是育人体系之精魄；金融文化重职业养成，是育人体系之主干；校友文化重职场发展，是育人体系之广袤平台。该体系围绕高职人才培育的核心目标，注重诚信文化、金融文化、校友文化与学生德育、专业教学、实践教育的紧密结合，将学生的"立身""立业""立世"相衔接，强调高职文化在人才培养中的浸润功能，立体化培养文化素质与职业能力并重的学生，形成良好的育人生态。

（一）以诚信文化内蕴德性

诚信是公民基本素质与金融从业人员职业道德的统一，学院以此为着眼点培育学子的文化之魂。学院将"诚信"作为学风的第一要义，通过诚信理念融入校园物化环境（设立诚信大道、诚信讲学堂、"不诚无物"雕塑等），构建学生认知诚信的良好氛围；对接金融行业的从业人员的道德要求创设"诚信文化理论与实践"课程，作为通识课程在全校铺开，培养学生诚信品质；通过开展与专业教育相结合的诚信主题教育活动，培育学生坚持诚信言行。自 2002 年开始，学院依托新设立的诚信文化研究所，加强对诚信教育的研究和推广，形成了系列的诚信教育理论与研究成果，为诚信文化育人奠定理论基石。2003 年编印《诚信读本》、2007 年编写出版 30 万字的校本教材《大学生诚信文化理论与实践》(2014 年修订再版)，为学生们系统接受诚信文化教育与熏陶提供实物参照。运用"第二课堂"的有效载体，引导学生自主参加无人监考的"诚信考场"，设立无人监督的"诚信伞"，建立个人"诚信档案"、开展诚信缴费、推出《学生诚信公约》《学生诚信誓词》等活动，让学生感知诚信品质对个人成长和未来职业发展的重要性，逐渐形成自觉践履诚信的理念，积极践行“诚信、明理、笃行”之学风，做诚信人、行诚信事。

（二）以金融文化涵养职性

紧密结合专业教学与职业定位，通过打造金色校园，感受融通世界，培育银领学子等方式，提升学生职业素养，确立学生的立业之本。金融文化育人的组织依托是地方金融发展研究中心，以开设全校通识课程（“现代金融概论”和“理财基础”）、全校学生必修技能（“点钞与反假货币技术”和“中文输入”）、“专业证书”课程为直接抓手，提高学生对金融知识的认知度与金融理念的普及度。学院还出资600余万元建立“货币金融博览馆”和“金融票据博览馆”为载体，为学生了解从先秦至现代的中国金融货币历史和国外货币发展史提供史料，积淀学生的金融知识；以金融综合基地“金苑华尔街”、模拟理财实战平台“808理财工作室”“一把手技能训练营”等为基地，为金融专业教学和校内外实训提供辅助，提高学生的实践水平与专业技能；以联合金融行业开展订单培养的银领学院为平台，吸纳金融企业文化和一线金融信息，对学生进行全方位的金融文化熏陶，帮助学生提前感受金融行业要求与职业文化，更好地成长为金融行业所需的优质人才。

（三）以校友文化厚积气韵

由广大校友以学脉、情缘为基础，以爱校、荣校、感恩文化为要素，以母校发展为愿景，以人才共育、合作共赢为指向所形成的校友文化，是学院文化育人体系的重要组成部分。学院依托法人组织“浙江金融职业学院校友总会”，通过设立“校友回校日”（每年5月第一周的周六和11月第一周周日），校友登高文化节（每年3月的第二个周六），密切与校友的联系；广泛开展“2300”校友文化育人活动（千名学生访校友、千名校友回课堂、百名教师进企业、百名校友上讲坛、百名校友话人生），帮助学生们走进行业知名校友，近距离聆听校友们的从业经验，获悉第一手行业信息资料。借助学院“行业、校友、集团”共生态办学平台，学生们更方便地从校友的职业积累中汲取宝贵经验，能更准确地定位个人的职业发展，更清晰地看待职业选择，更高效地树立职业规划。通过校友文化育人，行业理念、企业师资、社会实践的机会都与学校进一步融合对接，逐步形成亲切、生动而又开放的办学环境。

学院“三维文化”育人体系，注重发挥文化对高职院校深化学生素质教育的重要推动力，注重将科学教育与人文教育有机融合、同步协调，注重构建整体的、系统的、均衡的和谐教育生态，促进学生精神品质、职业素质和可持续发展能力的养成，实现全面、和谐发展。

三、功能：综合育人的多元化

（一）发挥多重文化的综合育人功能，提高教育培养方式的多元性

高等职业教育由于自身条件和发展历史所限，在教育培养的方法上多以知识传授为主，主体、空间、感染力都略显单薄。浙江金融职业学院“三维文化”育人体系，创新高职文化育人理念，将高职文化引入教育教学系统，与课堂教学、实验实训、社会实践等显性模式紧密结合，充分发挥文化“化人”的隐性功能；将高职文化的文化因子与专业教学、实践教学、职业导向等有效结合，满足学生素质提升、专业学习、职业发展的三重需求；将诚信文化、金融文化、校友文化的精神内涵融入第一、第二课堂的各个环节，通过诚信教育活动、金苑华尔街、“2300”主题活动等进一步丰富和优化实践教学手段，激发学生新的学习动力与热情，增强学生知识吸收、教学参与、实践感知的能动性。“三维文化”育人体

系的形成，引发了高职教育界对文化育人的深度思考和高职教育教学方法的改革。

(二)奠定学生可持续发展的基石，创新高职人才培养路径

高职教育在人才培养方面往往多从“技术”“技能”着眼，容易忽视人的全面发展。若对高职学生的人生发展道路进行细分，“技”“能”的拥有是其进入职场的基本要素，而综合素质、文化素养、职业发展力却能为学生在职场中的可持续发展加分、加码。高职人才要从单一的“工具人”向“职业人”转型升级，需要在专业技术知识学习之余铸就更深厚的文化品质、开阔职业视野、优化职场环境。“三维文化”育人体系以文化为切入口，强调学生职业精神、职业能力和职业生态的融合，通过文化的浸润和熏陶提升高职学生诚信品质、金融素养、与校友、行业的交往沟通力，开发学生的综合潜能，涵养职业人的气质和气度，为学生可持续发展夯实基础。克服了高职教育工具理性下过分强调知识育人的片面性，提供了高职院校人才培养可持续发展的新路径。

(三)开发基于“三维文化”的素质教育课程体系，提高教育教学质量

学院邀请文化学、素质教育的专家，会同金融机构业务骨干和行业校友一同进行具有学院特色的文化素质教育课程开发，确定基于“诚信文化”“金融文化”和“校友文化”三个维度的基础性课程或实践方案，编写了校本教材和读本，建设了2门省级精品课程，制定了“2300”校友活动计划。确立起以公共基础必修课、公共基础选修课和明理学院“明理大讲堂”为三大基本模块，包含《诚信文化理论与实践》等人文素质与职业素养类必修课程、《中华传统文化》等文化选修课程，《现代金融概论》《理财基础》等通识金融类课程和《商业银行服务礼仪》《反假货币》等省级特色课程；同时，校友作为兼职教师直接参与以“明理系列

讲座”为核心的素质类课程和相关金融文化的课程。基于“三维文化”的素质教育课程体系致力于学生良好的职业道德习惯和较高的职业发展能力的培育，与专业课程的课时配比科学，内容衔接紧密又各有侧重，实现了人文教育与专业教育的高效结合。

(四)构建开放的文化育人平台，增进学生、校友、学校、企业的深度融合

通过“三维文化研究所”及其协调的“一院一会一中心”(明理学院、地方金融发展研究中心、校友会)，“三维文化”育人在不同年级、不同专业的学生中展开，并延伸到课堂、课外活动、社会实践、企业实习、就业创业，成为开放型的文化育人平台。同时，学院良好的校园氛围对培养学生优秀品质产生浸润作用。整个校园建设的一楼一室、一池一石，都旗帜鲜明地张扬诚信文化理念、营造浓郁的金融文化气息、融入校友支持办学协同办学的点点滴滴，学生在校园生活、学习便能潜移默化地得到“三维文化”的熏陶。文化的相互调剂和浸润力消解了人文教育与专业教育的相互挤占排斥的状况，整合了学校各部门、金融行业、校友所在企业的多方资源，教学手臂有效延展，解决了职业教育开放式办学不易深入的难题，在理念和实践上促进了校企深度融合。

(五)构建文化育人团队，整合文化育人资源

学院积极完善师资结构，构建文化育人团队，保障“三维文化”育人的高效实施。2002 年，学校就专门成立诚信教育与校园文化研究所(后更名为“三维文化研究所”)，为文化育人提供顶层设计和智力支持。研究所由院党委书记任所长，整合党委宣传部、德育教研室、校友办、团委、浙江众诚评估公司等部门的力量，既保证了党的领导和文化导向，也有利于各部门从教学、社会实践、第二课堂、行业校友等各个角度配合开展工作。同时邀请金融行业专家和优秀校友加入文化育人团队，发挥各自优势，并及时根据学生的认知反馈，结合教学进度进行师资调配或内容补充，促进了高职教育知识育人和文化育人的协调发展。

四、亮点：新意与系统兼具

“三维文化”育人体系既体现了浙江金融职业学院鲜明的文化个性，又呈现出高职人才培养体系理应具备的特色与潜力，形成文化育人要素的系统化、文化育人的机制化、育人方式的多样化。

（一）文化育人要素系统化

学院“三维文化”育人：在高度上，致力于职业精神文化（诚信文化）育人；在深度上，致力于职业能力文化（金融文化）育人；在广度上，致力于职业生态文化（校友文化）育人。文化要素齐整，育人目标明确，形成一个“立身”“立业”“立世”相互支持、融合的系统，共同发挥人才培养的文化合力。这既具有浙江金融职业学院个性、又具有高职文化育人要素架构的参照意义。

（二）文化育人机制化

组建“三维文化研究所”统筹全校文化育人的各项举措，把相对较“虚”的文化做“实”，使文化有神、有形、有声：依托“明理学院”开展诚信文化育人；依托“地方金融发展研究中心”开展金融文化育人；依托“校友会”开展校友文化育人。——“一院一会一中心”将学生的人格走向、从业素养和求学环境进行科学规范的梳理，并与学生的日常管理相结合、与社会实践相关联、与企业文化相贯通，形成一个开放和谐的文化育人机制。

(三)育人方式多样化

基于"三维文化"的素质课程体系将文化理念贯穿于育人之中,创新德育课程建设,将思政理论课、素质教育课教学与诚信教育有机结合,显性课堂与隐性课堂并重。从教育教学方法上看,既有以文化知识传授为主的课堂教学,也有深入金融机构、走访校友等体验式实践教学,还有明理讲座、校友论坛等辅助教学和"第二课堂"丰富多彩的文化活动;同时,以精心营造的、融诚信、金融气息和校友身影为一体的校园环境,正日益成为一种强大的文化衬托,散发出其独特的隐性教育的功效。

五、成效:软实力提升

(一)学校社会声誉和毕业生质量不断提高

中共中央政治局委员、国务委员刘延东2010年视察学院时,对"三维文化"育人体系予以充分肯定,认为学校把文化育人与金融行业特性、与职业道德和开放办学结合起来很好。鲁昕副部长、周远清会长、张尧学院士等也对"三维文化"的架构予以赞赏。光明日报、中国教育报、浙江日报、教育信息报等媒体先后报道"三维文化"育人体系的形成及作用。鉴于学院的文化引领作用,《职业技术教育》将学院评选为排名第一的"2008中国职业教育年度学校",被教育部授予2014年度全国毕业生就业典型经验高校、被中国青年报、全国高职院校宣传部长联席会评为"全国高职院校就业竞争力示范校"。学院招生录取分数连年居浙江省同类院校之首,毕业生就业率连年稳居95%以上,用人单位对学校毕业生的满意率、认可度均高出同类院校。

(二)助推高职教育文化自觉初步形成

2008年,学院率先提出高职文化育人的命题,并发起全国首届高职教育文化建设和可持续发展论坛,全国百所示范校积极响应,引起业内极大反响,“文化育人”作为一个重要话题被正式纳入高职教育的视野,并很快引起高职教育界的大范围关注与研究;2010年、2012年、2014年学院先后发起并顺利举办第二、三、四届高职教育文化建设和可持续发展论坛,聚焦高职文化自觉、基于校企合作的高职文化自信、高职文化建构、弘扬优秀传统文化的高职文化张力积蓄等主题,全国高职示范校和骨干校参与踊跃,成果斐然,高职教育的文化自觉初步形成并得以深化。《中国教育报》《光明日报》、“中国高职高专网”等媒体都就此均给予大力关注与实时报道,在社会各界引发高职文化育人的热议。

(三)发挥示范与辐射效应

“三维文化”育人体系所依托的诚信文化和金融文化,先后在2007和2008年荣获“浙江省高校校园文化品牌”称号;“校友文化”则在2011年被教育部授予“全国高校文化建设成果优秀奖”;2015年学院跻身浙江省首批“文化校园”建设试点高校。学院作为全国唯一一所高职院校当选中国高教学会大学素质教育研究分会副理事长单位;牵头成立全国高职素质教育工作委员会,并成功举办多次主题论坛,促进文化素质教育和文化育人成果经验的共享。“三维文化”育人体系多次在全国大学文化建设会议、浙江省党委书记论坛上作为典型案例开展交流,引发兄弟院校关注和肯定。近年来,全国300余所院校陆续到校学习借鉴文化育人的体系架构、机制建设和推进方法等,产生了广泛的示范、辐射作用。

六、展望：丰富与发展

（一）文化内涵的提升

习近平总书记在建党95周年庆祝大会的重要讲话中指出“文化自信，是更基础、更广泛、更深厚的自信”。文化自信成为继道路自信、理论自信和制度自信之后，中国特色社会主义的“第四个自信”。《高等职业教育创新发展行动计划（2015—2018年）》明确将“促进文化传承创新与传播”作为新形势下高职教育发展的一项主要任务，注重按照传统文化发展所需和相关文化产业需求，培育多种应用型人才。据此，学院需坚持继承传统与创新创造并重，对高职文化进一步加以丰富、充实、提升，在强化学校文化核心价值、内塑精神体系、挖掘深层次特色、设计多形式载体、凝练系列品牌、深化文化研究等方面多下功夫，对学校文化建设作整体布局、层次界定、内容整合、分步推进，促使“三维文化”育人体系的依托土壤更加肥沃，文化育人体系的平台更趋宽广。

（二）文化校园的格局

建设文化校园对学院更加重视文化建设、加快“三维文化”育人体系的升级优化是一种有益的促进。“文化校园”是一种更大气的格局，意味着学院高职文化精神内涵的厚实、校园物质文化环境的美化、制度文化体系的完善、保障体系的完备、育人成才氛围的浓厚等；代表着体现学校办学价值的一种境界，以每一个金院人（老师、学生、校友）呈现的学习生活方式进行传达，以每一个文化创意和文化教育活动予以外化，以每一处文化符号和校园细节加以彰显。学院需不断探究高职文化的精粹，丰富高职文化内涵，勇于创新文化体系，发挥文化育人功效，确保文化校园建设的高品质。建设文化校园，学院要以社会主义核心价值观引领文化校园建设，致力于丰富独有的“三维文化”（诚信文化、金融文化、校友文化)育人体系,通过强化价值引领、共筑诚信校园,内化金院精神、共享精神家园,优化育人环境、共建成长名园,打造以德立人、以业育人、以文化人的校园。文化校园着力突显时代气息、优化"三维文化"体系,承载金院精神,寄予师生理想,由物入心、随心入行地浸润学子、生发力量,保障人才培养目标的高质量实现。

(三)体系机制的优化

"三维文化"育人体系是一个在运行中持续发展的系统,其升级优化有待顶层设计、理念完善、资源整合、制度保障、传承创新。立足体系内核,要结合社会主流文化趋向、金院精神的升华、各维度文化张力的提升等探究"三维文化"价值的深化;基于依托载体,要结合育人触角的延展、学校文化与行业文化的互动、文化素质教育的深度植入、文化活动类型的多样、传播途径与介质的丰富等考量育人的多元化;结合运行机制,要在原有学校统筹管理、相关职能部门和文化建设委员会等机构驱动、三个学院(明理学院、淑女学院、公民素质教育学院)协同参与、师生校友紧密联动的基础上,通过管理制度、保障制度、考核制度等制度体系的健全、完善和规范,结合学校所兼任的校外文化学术机构的研究推动,合力形成更和谐、高效的文化育人运行序列。

参考文献

[1] [美]克拉克・克尔. 大学之用[M]. 高铦,高戈,汐汐,译. 北京大学出版社,2008.

[2] [法]埃德加・莫兰. 复杂性理论与教育问题[M]. 陈一壮,译. 北京:北京大学出版社,2004.

[3] [美]罗伯特・伯恩鲍姆. 大学运行模式——大学组织与领导的控制系统[M]. 别敦荣,主译. 青岛:中国海洋大学出版社,2003.

[4] 贺修炎. 走向大学自组织[M]. 广州:暨南大学出版社,2015.

[5] [美]詹姆斯・S. 科尔曼. 社会理论的基础[M]. 邓方,译. 北京:社会科学文献出版社,1997.

[6] [美]W・理查德・斯科特,杰拉尔德. F. 戴维斯. 组织理论:理性、自然、开放系统的视角[M]. 高俊山,译. 北京:中国人民大学出版社,2011.

[7] 周雪光. 组织社会学十讲[M]. 北京:社会科学文献出版社,2003.

[8] [英]麦克法兰. 启蒙之所. 智识之源:一位剑桥教授看剑桥[M]. 管可秾,译. 北京:商务印书馆,2011.

[9] [英]迈克尔・夏托克. 成功大学的管理之道[M]. 范怡红,主译. 北

京:北京大学出版社,2006.
[10] [美]爱德华·希尔斯.学术的秩序——当代大学论文集[M].李家永,译.北京:商务印书馆,2007:38。
[11] 许美德,李军,林静,查强.21世纪中国大学肖像:向大众化高等教育的转型[M].桂林:广西师范大学出版社,2015.
[12] 季诚钧.大学属性结构的组织学分析[M].北京:人民教育出版社,2006.
[13] [美]伯顿·克拉克.高等教育系统[M].王承绪,徐辉,等,译.杭州:杭州大学出版社,1994.
[14] 教育部.面向21世纪教育振兴行动计划[Z].1999.
[15] [德]雅思贝尔斯.什么是教育[M].邹进,译.北京:生活·读书·新知三联书店,1991.
[16] [美]德里克·博克.走出象牙塔——现代大学的社会责任[M].徐小洲,陈军,等,译.杭州:浙江教育出版社,2001.
[17] 阎光才.大学的社会责任[J].随笔,2001(3).
[18] 陈云涛.高职院校社会责任分析[J].中国高教研究,2009(4).
[19] 刘少雪.试论大学的社会责任[J].上海交通大学学报:哲学社会科学版,1999(1).
[20] 上海教育科学研究院,麦可思研究院.2016中国高等职业教育质量年度报告[M].北京:高等教育出版社,2016.
[21] 周建松.基于学校个性的高职院校三维文化探索研究——以浙江金融职业学院为例[J].武汉职业技术学院学报,2012(2).
[22] 贺祖斌.高等教育生态论[M].桂林:广西师范大学出版社,2005.
[23] 赵庆典.论高等学校办学模式的发展与创新[J].教育研究,2002(3).
[24] 李建国.文化育人的哲学省思[J].高等教育研究,2014(4).
[25] 陈云涛.高职院校文化育人模式的创新与实践——浙江金融职业

学院“三维文化”育人体系个案分析[J].天津职业大学学报,2007(4).

[26] 袁贵仁.加强大学文化研究 推进大学文化建设[J].中国大学教学,2002(10).

[27] 周建松.让“开放合作、尚德重能”成为高职教育文化[J].中国高教研究,2008(12).

[28] 王凤玉.美国社区学院的办学特色[J].现代教育管理,2013(10).

[29] 张蕴启,李静森.美国社区学院的功能与使命对我国高职院校发展的启示[J].职业与教育,2013(33).

[30] 姚红.高职教育办学定位研究[J].当代教育论坛,2009(2).

[31] 董红.美国社区学院办学功能对我国高职教育的启示[J].高教学刊,2015(10).

[32] 何宇媚,吴剑丽.日本高等职业教育办学功能的演变[J].职业技术教育,2010(13).

[33] 周建松.论“六业贯通”的高职教育人才培养理念及其实践[J].现代教育科学,2012(3).

[34] 中共中央马克思恩格斯列宁斯大林著作编译局.马克思恩格斯全集(第42卷)[M].北京:人民出版社,1979.

[35] 坚持内涵发展 提高办学质量[N].中国教育报,2012－12－3.

[36] 孙长青.长江三角洲制药产业集群协同创新研究[D].上海:华东师范大学,2009.

[37] 郭福春.中德职业教育校企合作的比较分析[J].现代教育管理,2014(12)

[38] [日]福泽谕吉.劝学篇[M].长春:吉林出版集团,2011.

[39] 夏文先,姚多忠.基于素质本位的“六业贯通”人才培养模式[J].职教论坛,2012(8).

跋

理念·理论·理想

2006 年，教育部提出建设"全国示范性高职院校"计划，我院荣幸成为第一批 28 所建设单位之一，基于此，我们将第一部完整阐述学院办学理念的论文集——《浙江金融职业学院办学理念与实践》付梓出版，颇有抛砖引玉之念。

2016 年，经过十年的实践与思考，在浙江金融职业学院声誉日隆之际，我们再一次将对高职办学与教育的理论汇集于此，期收金声玉振之效。

在我们认为，高职院校办学的理念、理论与理想都是关于高职教育本身以及学院个体建设的思考总结与指导精神，贯穿着整个高职院校建设的始终。理念是在院校建设与高职教育教学实践基础上的哲学凝练，理论是关于高职教育基本原理的理性探究，理想是高职院校办学臻于最完善境界的表达。理念驱动理论的形成，理论促成理想的升华。从形而下到形而上，再到螺旋式上升的形而下，始终脱离不了高职院校的办学原理与精神实质。也可以说，理念是规范大学运行的现实，理论是价值观的归集，理想是对未来的追问。理念、理论和理想因为坚守，因为弘扬，因为睿智，因为捍卫，因为重新解读，因为重新建构，一方面，浙金院的办学功能不断地得到释放，社会的价值不断彰显。另一方面，源于知识逻辑基础上的办学理念的无论发生何种变化，它都是带着对理想憧憬的一种价值判断，体现出鲜明的时代特征和时代意义。浙江金融职业学院的发展轨迹一直遵循如此。

我们始终坚持在实践基础上形成的具有特色的办学理念，因此也就具有了生命的活力，也就有了对中国高职教育的“责任”“担当”与“追求”。责任，是浙江金融职业学院作为全国示范性院校的重要标志，是始终为国家高职教育建设与发展奉献的原则。一个有责任感、能担当、敢担当的高职院校，就一定能有所作为。追求，就是寻找和探索浙江金融职业学院未来存在的自身价值。价值，可以通过追求崇高的理想来实现，也可以通过追求品质来体现。

浙江金融职业学院诸多理念的形成不仅得益于学院领导十年如一日地重视高职教育建设与发展理论的学习、借鉴与构建，高瞻远瞩，颇具匠心。而且在长期的实践中既具有相对的朴实性与稳定性，也体现出洞察先机的高超艺术。2004 年我院就提出了将“做学生欢迎之师、创社会满意之校、育时代有用之才”作为自己办学的核心价值理念，并在此基础上不断与时俱进，衍生出了一系列的既有时代烙印，又有学院实践特色，也符合高职教育特征的办学理念，从而不断释放出国家示范性高职院校的办学功能。

高职院校建设与高职教育教学的理论是后发的，因为高等职业教育在中国的年轻地位，其本身的理论需要高职实践的发展与关于高职本身的哲学沉思，它是“后天的事实”。纵观这无声无息、不可抗拒的十年流逝，却蕴含或代表了许多内容，姑且不论高职的地位归属，最重要的含义无外乎高职教育的特殊性与紧迫性。浙江金融职业学院对于高职教育以及高职办学的理论来源于独特理念与精神的引领，是经过长期的理性思考及实践所形成的思想观念、精神向往、理想追求和哲学信仰的抽象概括。

浙江金融职业学院的办学理想是基于思辨基础上的为之奋斗和追求的目标，它是一种面向未来的设计与构想。其出发点在于理性主义、工具主义与人本主义的融合，个体本位价值观与社会本位价值观的融合。从最初的“百年名校”，到今天的“国内一流、国际知名”，无不彰显着金院人在潮起潮落、风起云涌后的坦然面对。

对高职教育理念、理论和理想的溯源，人们习惯于从普通大学教育的历史家园中去寻找，从国外职业教育的现状中去借鉴；对高职教育理念、理论和理想的解读，人们习惯于遵循或挖掘大学文化与精神；对于高职教育理念、理论和理想的描述，人们更喜欢体现神圣和不可动摇。但是，对于高职教育的发展和变革，既需要对办学理念的坚守者，需要高职理论的创新者，也需要高职发展理想的憧憬者。与其说浙金院办学理念、理论和理想体现的是学院本身以及高职发展的内部逻辑，是关于高职教育与高职学院发展规律的总结和概括，还不如说是对高等职业教育宗旨和使命的一种理性认识，是对高等职业教育发展的实践路径提供精神上的指引，它体现的是一种追求、品位和精神，也是浙江金融职业学院的一种气度、一种格局。

对办学理念的坚守、捍卫与弘扬已经不足以反映今天浙江金融职业学院发展的全貌，高职教育的理论已经进入重新解读和建构的时代。因此，大学理想不仅仅是一种装饰，它必须具有指引与塑造的功用。虽然我们对高职办学与高职教育的理念、理论与理想已经有了一定的理解，其实我们还有广阔的空间。实际上，无论是办学理念的坚守者，还是热衷于办学理论的推动者，其内心世界都在经受着怀旧与重建的双重“精神煎熬”，它是一个痛苦的选择过程。因此，在新的时空背景下解读或构建大学理想时，必须考虑如何使“经典”与“现代”之间保持适当的张力。高职的办学理念与理论是神圣的，但是正在办学理想留给我们的似乎不应该仅仅是我们的踯躅不前，还应该有一种新的思维和判断。

呈现在大家眼前的这本论文集，回顾了浙金院人思考高职办学理念、理论与理想的又一个十年。这十年的时光，有着太多难忘的人和事，还有许多抵达心灵的感触。那些由喜悦和伤怀、激情与消沉、失败与成功、憧憬与惆怅、付出与收获共同交织在一起的一个个片段，铸就了一段个性鲜明、隽永独特的浙江金融职业学院的成长历程。今天，回望这十年，记忆逐渐沉淀，感慨却油然而生。金院人的朝夕相伴，共同相执的寒来暑往，留存了多少种种印记，这注定是一段难以忘怀的岁月。

理想的动力，它通过精神的力量指引人们前行。在“十三五”的开局之年，这本论文集的结集，既是学院的一个重要转折，也是一个新的起点。从这一刻起，不可避免的将面临更多的挑战、更多的考验。之前的那一段岁月是起伏中尽显平缓，而之后的春秋将掀起阵阵波澜，但也必将走进生命中最绚烂、最繁华的时期！

随缘、知足、感恩、珍惜，踏实勤奋、大度从容，是我们对浙江金融职业学院未来发展的殷切期望。健康、快乐、平安、幸福，是我们对金院人的深深祝福。期待十年后、二十年后、百年后的浙江金融职业学院彪炳史册。

编委会

2016 年 10 月